JN209389

「だれが教師をめざすのか」の教育社会学

「観察による徒弟制」と教員養成

太田 拓紀

OTA Hiroki

学文社

はじめに

　近年，教員不足が喫緊の課題となっている。とくに教員採用試験の倍率低下などから，若者が教師になるのを避けているという認識が広がり，教師のなり手不足が教育界をこえた社会全体の問題になりつつある。その背景には，教師の過重労働と多忙感があるといわれる。教師の過酷な労働環境が教師の魅力を低下させており，若者が教師になりたがらない，あるいは教師になるのをあきらめている……。そうした言説が支配的になりつつある。

　しかし，そもそもだれが教師をめざすのか。どのような社会的背景をもつ若者が数ある職業のなかから教職を選択するのか。教員の供給が逼迫するなか，教師の生活環境に問題が焦点化される一方，こうした論点はあまり着目されてこなかったと思う。ただし，教員のなり手不足や教職の忌避を考える上で，ここには重要な手がかりが隠されている。実際，教職には他の専門職とは明らかに異なるリクルートの特徴がある。また，この特徴は教師として成長する過程に問題を引き起こしかねないとして，教員養成において危険視する見方がある。教師をめざす若者に注目することで，教員不足のみならず，教師教育に関する重要な課題が浮かびあがってくる。

　本書は「だれが教師をめざすのか」をテーマに，現代の若者が教職を選択し養成段階にいたるまでの過程とそこに潜む課題を検証する。また，教職をめざす若者の社会的背景から，教員文化の一側面を描きだそうと試みる。おそらく，現在ほど教員需要や教職選択の問題が社会の注目を集める時期はなかったはずである。教師教育に関心をお持ちの研究者や学生のみなさん，教員政策に関わる行政職のみなさんにとって，今後の教職を考えていく上で，少しでも本書が参考になれば幸いである。

目　次

「だれが教師をめざすのか」の教育社会学
—「観察による従弟制」と教員養成—

序 章
問題の所在：
「だれが教師をめざすのか」

1. 教師受難時代の教職選択

　教師にやってほしいなって思ってること，求められることが，本当に教師がやらないといけないこと以外でも，なんか昔よりきっと増えてきてるだろうなと。(中略) 子どもの心の問題とかもそうですけど，なんかそこまで教師がやるのっていう部分まで求められてることが，いま増えてきてると思うので……。

（調査日：2018/6/20）

　学校を題材にしたニュースが多くて，でもそれはだいたい悪いニュースで。学校が地域社会に貢献しただとか，国の益になったとか，そういうニュースはまるで見たことがなくて。だいたいいじめだとか，教師が犯罪を犯したとか。何か学校が，生徒に教えていく立場の人がそういうことをして，何をしているんだという意見は結構聞いていて，大人とか，周りから。

（調査日：2017/6/21）

　教師をめざす学生に教師の社会的な評価をたずねると，肯定的な回答が返ってくるわけではない。教師はかつての権威や信頼を失いつつあり，教育関係の維持が困難になっている。そもそも現代ではあらゆる専門的職業の専門性がゆらいでいる (Hargreaves 訳書 2012 など)。また，大人と子どもの境界が曖昧になり，教える・教えられるといった明確な縦の関係が後退しているという (稲垣 2017，p.24)。事実，学校では従来の指導や校則がしばしば「ブラック」で

あると問題視され，縦の教育関係は後景化しつつある。一方，心理主義化の進展により，学校では個への対応が強く求められ，教育関係は「寄り添う」といった横並びの関係へと徐々に組み換えられてきた（太田 2018，pp.43-44）。

またクレーム問題が物語るように，保護者との関係構築も一筋縄にはいかないようになってきた（小野田 2006 など）。そもそも，保護者の学校・教師に対する要求が過剰となった背景には，保護者の高学歴化があるという言説もある[1]。さらには，家庭の貧困や児童虐待などに関わって，複雑な背景をもつ家庭が増えており，この問題に拍車をかけている。

加えて，近年は教師の長時間労働と多忙化が社会問題になってきた。教員の労働環境の国際比較（TALIS）は，勤務時間が長く事務作業といった雑務が多いという日本の学校・教師の課題を浮き彫りにしてきた（国立教育政策研究所編 2019）。また，教員の精神疾患による休職者数は 2000 年代より増加し，現代では病気休職者のうちの 7 割が精神疾患で占められている（文部科学省 2023）。疲弊する学校現場と教師の姿は，1990 年代より「教師のバーンアウト（燃え尽き症候群）」として指摘されたが（大阪教育文化センター教師の多忙化調査研究会編 1996），改善にはいたっていない。ストレスフルな職場環境のなか，自らの感情をコントロールして職務をやり過ごすというような感情労働（Hochschild 訳書 2000）の側面が，教職において強調されるようになってきた。

このように，教師の厳しい環境を示唆する事例は枚挙にいとまがない。教職をめぐる負の言説（「ブラック化」「定額働かせ放題」など）も絶えず喧伝され，再生産されてきた。近年はとくに，教員採用試験の倍率低下の背景として課題視され，人材が逼迫するなか，教師の質を担保できるのかが問われている。何が教員志望減退の背景にあるのかは，綿密な検証が求められるにせよ，教職の魅力に陰りがみえはじめているのは間違いないだろう。

しかし，そうした風潮のなかでも，教職を選択する層が存在している。**図序-1** は大学での養成によって授与された教員免許状件数の推移である。戦後の日本では教員養成の開放制原則のもと，養成大学のみならず，大半の大学・学部が教職課程をもち，多くの教員免許状取得者を輩出してきた。図をみると，

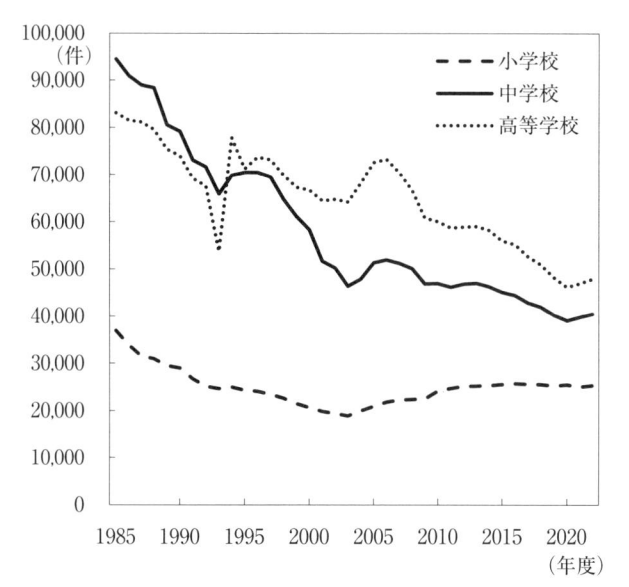

注：一種・二種免許状の合計件数

図序-1：大学等の直接養成による教員免許状授与件数の推移

（『教育委員会月報』各年度，文部科学省 HP「教員免許状授与件数等
調査について」各年度より作成。）

1980 年代では中学校・高等学校の教員免許取得者はそれぞれ 8 万人を超えて
いた。しかしこの頃には免許取得者の供給過剰が問題となっており，80 年代
から教員養成系大学・学部の定員数削減が実施されていく（高橋 2009）。その
ため，免許取得者は減少の一途をたどっていくが，それでも現在の中学校・高
等学校の教員免許取得者は 4 万人にのぼっている。一方，小学校教員の養成課
程はもともと限られており，免許取得者は 80 年代でも 3 万人台と中学校・高
等学校に比べると少なかった。ただ，その後の免許取得者数の減少幅は小さく，
現在でも約 2 万 5 千人が大学の養成を経て小学校教員免許を取得している。

　これまで人口減，教員需要，教員政策等のさまざまな要因に左右されつつ，
免許取得の学生数は変動してきた。減少傾向とはいえ，大学の教職課程はいま
だ一定の学生を集めており，教員供給の役割を果たし続けている。ではいった
い，現代に教師をめざすのはどのような若者であるのか。

2. 教師の社会的背景への着目

2.1. 教師の予期的社会化論

　だれがいかにして教職を選択するのかという問いは，心理学を中心に，その主観的な要因から検討されてきた。例えば「教師への性格的適合についての自覚，そしてしばしば『子どもが好き』という言葉に端的に象徴されるところの子どもたちとの交わりや，教えることへの強い関心」(藤枝 2002, pp.15-16) などについてである。一方，教育社会学の領域では，教師の職業的社会化の枠組にて本テーマが追究されてきた。[2]

　職業的社会化とは，今津 (1979, p.18) によれば，「将来従事する，または現在従事している職業の地位・役割達成に必要とされる知識・技能・価値規範を獲得し，その職業への一体化を確立してゆく過程」をいう。それは，教師になる前の時期を対象とする予期的社会化 (anticipatory socialization) と，教職に就いて以降の過程を扱う継続的社会化 (further socialization) に大別される (今津 1996, pp.79-80)。このうち，前者では，教員志望者の来歴，教職選択の契機・理由，教員養成段階での学びや成長過程などが論点となってきた。予期的社会化研究の意義を，伊藤敬は次のように指摘する。

　　　教師に人を得るためには，教員養成・教育，現職教員の再教育による質の向上，教職が真に魅力あるものであるための社会的・経済的・職業的地位の改善等が図られねばならない。その前提条件として，教師になるのはどんなひとなのか，教師についてのどのようなイメージや教職に就く動機をもっているのか，それは社会における職業の評価とどんな関連があるのか等が明らかにされねばならないであろう。教員養成・教育にあたるものは，学生がどんな意識で学ぼうとしているのかあるいは学んでいるのかを把握することなしに適切な教育は行いえない。　　　　　(伊藤 1979, p.53)

　つまり，教員養成や現職教育を施す際，対象となる教師集団とその候補者の

社会的背景を理解することは，教育効果を高めるために不可欠と主張する。では実際，予期的社会化研究では何を明らかにしてきたのか。研究は多岐にわたるが，その概略を端的にまとめると，次のようになろう。

①教職志望の理由として，生きがい，やりがい，適性を挙げるものが多い。とりわけ学校で出会った教師の影響が顕著である（今津 1978，伊藤 1980，伊藤・山崎 1986,1989，小島・篠原 1985，武藤・松谷 1991，木村ほか 2006，山崎 2012 など）。

②教職の志望形成は，大学入学以前といった比較的早期に確定している（松本・生駒 1984，小島・篠原 1985，伊藤・山崎 1986，山崎 2012 など）。

③教員養成学部生の家計支持者は戦後しばらく農業が多かったが，産業構造の変化に伴い，70 年代後半以降はホワイトカラーが中心である。また，近親者に教師がいる比率が高い（池田 1974，溝口 1975，小野 1975，今津 1978，伊藤 1979，松本・生駒 1984，木村ほか 2006 など）。

④教員養成学部生は地元出身者の割合が高い。卒業後の教師として地元就職希望者が多く，いわゆる土着性が高い（池田 1974，溝口 1975，小野 1975，今津 1978，伊藤 1979，松本・生駒 1984 など）。

⑤教員養成学部生における大学の養成教育・指導体制への満足度は必ずしも高くない（池田 1974，伊藤 1979，伊藤・山崎 1987 など）。そのなかでは，教育実習の満足度は総じて高い（伊藤 1979，加野 1984，紅林・川村 2001，阿形 2005，太田 2011 など）[3]。

これらの研究により，教職を志向する集団の社会的性格が明らかになってきた。教育学者の大田堯は，かつて教員志望が大半を占めたという所属大学の学生の特徴を，次のように記していた。

　　……わが大学の学生諸君の出身階層というのは，新幹線ぞいの大都会の上層階級から来ているのではなくて，だいたいローカル線から来ている，こ

れは象徴的ないい方であります。農業協同組合にお父さんがつとめている
とか，役場につとめているとか，小学校の教師であるとか，父母がともか
せぎで暮しをたてているとか，農民そのものである，というふうな，そう
いう階層の若者が来ています。私はこういう人びとこそが，日本人の中で
もいちばん信頼できる人間ではないか，とひそかに思っています。(中略)
　実際，ここに集まってくる若者の多くは，実直そのもの，つつましい四
年間をこの田舎町で学び，ほとんど間違いなく，再び地域の人びとの中に
帰っていく，教師としての人間的資質にもめぐまれていると思います。

(大田 1983, pp.196-197)

　この 1980 年代の記述は，先行研究とも，そして現代の教職をめざす若者と
も共通点を広く見いだせると思われる。

2.2. 教員文化論

　さて，このような教師の入職以前への着目は，養成効果の向上に資するのみ
ならず，教員文化の解明にも寄与すると考えられる。

　そもそも教員文化とは何か。それは，端的には「教師集団に共有される行動
様式ないし思考パターン」(永井 2000, p.170) をいう。[4] 例えば，教師にはそれぞ
れ個性がある。実際，児童生徒への関わり方や授業スタイルは教師によってさ
まざまである。一方，集団としてみると，教師らに共通した部分を見いだすこ
ともできるはずである。久冨 (1996, pp.16-18) は，教員文化が生まれる理由を
次のようにいう。「学校という制度に一日の一定時間以上，そしてある年月以上，
恒常的に組織された人間集団にとっては，そこが一つの生活の場となり，その
場の性質に規定されながら，そこに特有の生活様式＝文化が生まれる」。つまり，
学校組織のなかで長く職業生活をおくるなかで，教師の集団に独特の慣習や関
係が生まれ，他の職業とは異なる特徴的な信念・態度・行動様式が形成される
ということである。

　以上の観点に基づき，教員文化研究では，主に職場の人間関係やそこから形

づくられる一定の価値観やアイデンティティなど集団の特質を明らかにしてきた。例えば，永井（1977）は，「同僚との調和」という規範が教員間で共有されていると指摘し，教員文化の特徴として論じた。その後，1990 年代には，教師集団に個人主義が浸透し，教員間の紐帯が弱まったと指摘された（油布 1994）。山田・長谷川（2010）も 90 年代以降，職場の同僚との求心的な関係や「献身的教師像」がゆらぎはじめたとし，教員集団において個別化が進展したことを示唆している。近年では，教員集団の年齢構成の偏りから，教員文化の継承が危惧されている（市川 2015）。よって現在では，もともとは自然発生的な同僚性を，自治体が推進するメンター制度（先駆例として，横浜市教育委員会編 2011）や国が掲げる「チーム学校」などにより，行政主導で再構築する試みが広がっている（太田 2018）。

2.3.　予期的社会化と教員文化との関係

　そのほかの研究でも，例えば教員文化の内部構造を検証した吉田（2005），マイノリティが多く在籍する学校の教員世界を描いた中村（2019），学校組織改革・働き方改革のなかでの教師間関係に着目した高島（2023）など，教育文化研究では，教員集団の職場環境・同僚性やアイデンティティに注目するのが通例であった。一方，教員文化にアプローチする別の視角がある。それは「いかなる者が教師となるのか」という本書の予期的社会化に関わるものである。具体的には，社会階層や文化的背景といった教師集団の社会的背景から教員文化に接近する視点である。これについては，ピエール・ブルデューの理論，とくにハビトゥス論から把握しておきたい。

　ブルデューによれば，人間は必ずしも自らの利益が最大になるように合理的に行動したり，戦略的に目標を設定したりするわけではない。それでも，個人の選択行動が常軌を逸せず理にかなったものになるのは，「長期間の多岐にわたる条件づけの過程を通じて自分に与えられた客観的可能性を内面化していて，自らに適した将来，自分たちのためにつくられ，自分たちの方もその将来のためにつくられているような将来を（中略）『読み取る』術を心得ているから」

（Bourdieu avec Wacquant 訳書 2007，p.172）だという。すなわち，人間のさまざまな行為や選好は，自らが意図せずとも，それぞれの社会的・文化的背景によって強い方向づけがなされている。そうであれば，職業の選択においても，自身の社会階層やそれに応じた家庭教育，学校教育を経て形成されたハビトゥスに大きく依存することになる。

つまり，ハビトゥス論に基づくと，現代の教職選択は次のように説明できる。確かに，教職が混迷をきわめる時代に，教師を選ぶことは合理的とはいえない。しかし，当人の生育環境や教育経験からすれば，教職こそが当人のためにつくられた職業，つまり天職となる[5]。その場合，数ある職業からあえて教職を選びとることは，当人にとってはごく自然な行為となる。教師の社会学の古典であるウィラード・ウォーラー『学校集団』でも，同様のことが指摘されている。ウォーラーは教職選択の条件として金銭的報酬，社会的地位といった「論理的」な要因を考察した上で，それらが教職選択を十分に説明できてはいないとして，次のように述べている。

> 教職の人口構成をきめている職業選択の諸条件を論ずるものは，どうもこれをあまり論理的に扱いすぎるため，かえってあやまちを犯している。どんな職業の選択だろうが，厳密な推理の結果ということはめったにないのだ。むしろ当人の社会的経験が，その人間を教職に押し込んでしまうのである。本人もこれにはどうも手の下しようがない。その場合，教職につくことの有利不利という点は何ら考慮されないのだ。

（Waller 訳書 1957，pp.472-473）

つまり，教職の選択においては，報酬・地位といった外発的な誘因による，合理的で論理的な説明は，必ずしも有効ではない[6]。むしろ，それ以上に本人の社会的経験が影響していることを示唆している。とすれば，教師集団は教職に適合したハビトゥスをもった者があつまる場となるため，独特の文化的特質が生まれやすい（太田 2018，p.47）。

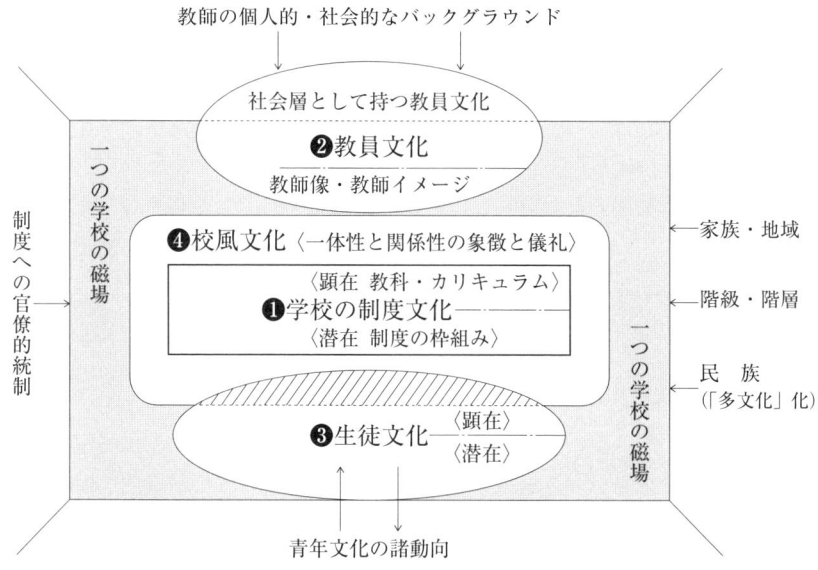

図序-2：学校文化を構成する諸要素とその学校内・外の関係
（久冨 1996, p.17）

　こうした教師の来歴といった予期的社会化の過程と教員文化との関係は，久冨の図式に依拠すると理解しやすい。久冨（1996, p.17）は教員文化を**図序-2**のように説明する。図内の「**❷**教員文化」は，「**❶**学校の制度文化」「**❸**生徒文化」「**❹**校風文化」と同様に，「学校文化」全体を形成する一つの要素である。この「教員文化」は各学校内の諸要素から影響を受けるなど「個別学校ごとの特性を持つが，教員たちが一つの社会層としてそれを有するという面が強い」（久冨 1996, p.18）。一方で，「教員文化」における「社会層として持つ教員文化」の領域は，学校外の「教師の個人的・社会的なバックグラウンド」に規定されている。つまり，「教員文化」は，学校外の要因として，教師集団の社会的背景の特性に影響をうけると理解できる。同じように，小澤（1994）も，教員文化は，教員たちが身体化しているハビトゥスと，制度としての教育システムとの関連において生成されると指摘する。

　つまり教員文化は，学校という制度・組織の文化に規定されると同時に，ど

のような来歴・経験をたどって教職に就いたのかという教師集団の社会的背景によっても特徴づけられる。ここに，教員文化の解明において，教師集団の来歴（社会階層，教育的・文化的経験），すなわち予期的社会化の過程に着目する意義を見いだせる。ただし，同僚性やアイデンティティの観点からのアプローチと比べ，教師集団の社会的背景に着目した教員文化論は，必ずしも研究が蓄積されていない。その意味で，本書は教員文化研究の新たな側面の開拓にも貢献しうると予想できる。

2.4. 予期的社会化論の再評価

とはいうものの，かつてに比べ，予期的社会化研究は必ずしも教師の社会学的研究の中心にはない。それは，養成段階から現職教育への研究関心が移行したこと（今津 1996），ライフコース研究，ライフヒストリー研究へと分析枠組が変化したことによるだろう（越智・紅林 2010）。ただ，予期的社会化への関心が希薄化したため，近年では，教員集団（またはその候補生）の社会的背景の特性が十分に把握できていない。そして何よりも，予期的社会化へのアプローチは，養成教育の効果向上に資すると同時に，教員文化の解明にも有効な手がかりとなりうる。本書は予期的社会化論の意義を再評価し，教員志望者の社会的背景を明らかにする。その上で，かれらの社会的背景と教師教育との関係を検証し，教員志望者の文化的特質に即した養成教育のあり方を探ろうと試みるものである。

3. 本書の構成

3.1. 教員志望者の家庭・家族的背景 (第 1・2 章)

本書の構成に触れていきたい。基本的に本書は大きく 3 つの内容から構成される。最初に，教師の社会的背景として，家庭と家族に着目する。これまでの教師の来歴研究では，社会階層の解明に広く焦点があてられてきた。例えば，戦前期から日本の教師は，供給源の社会階層として農業が際だっていたことが

知られる（唐澤 1955, 陣内 1988, 山田 2002）[7]。しかし，後に詳述するが，70 年代後半から教師の社会階層としての農業が後退していく。一方で，「教師の家系」というように，教師の子どもが親と同じ教職をめざすケースは多いといわれている。こうした教師の社会階層や教職の再生産の構造は，現代ではどのようになっているのだろうか。

　第 1 章「教員志望学生の家庭的背景」では，教員志望者がどの社会階層から供給され，その家庭的背景にはいかなる特徴があるのかを検証する。続く第 2 章「教職の予期的社会化要因としての親＝教師」では，親が教師である教員志望者に焦点づけ，教師の子どもが教職に方向づけられる過程を分析・検討する。これにより，教職の職業的再生産の実態を明らかにする。

3.2. 教員志望者の学校経験 (第 3・4・5 章)

　次に，教員志望者における児童生徒時代の学校経験に着目する。その際，「観察による徒弟制」（Apprenticeship of Observation）（Lortie 1975）の理論的枠組を援用する。「観察による徒弟制」とは，児童生徒としての学校生活や教師との日常的な相互交渉が，教員をめざす者に特別な職業的影響を及ぼすという，予期的社会化の一過程である（同上）。

　まず，第 3 章「教職の予期的社会化過程としての学校経験」では，他の職業とは区別される教員志望者の学校経験の特徴を明らかにする。その上で，そうした経験がもたらす教員養成の問題を指摘する。第 4 章「教職選択における重要な他者としての教師」では，児童生徒時代の教師の影響によって教職を選択するのはいかなる者か，そうした教員志望者はどのような教職観を保持しているかを検証する。これにより，職業モデルとしての教師による予期的社会化作用を明らかにする。さらに，第 5 章「教員志望者における地域移動の志向性」では，学校経験との関わりを中心に，教員志望者の地元就職志向を検証する。かつては，家庭の経済的事情や社会階層を介して地域と結びついていた教職であるが，家庭的背景からは教職の地元志向が説明できなくなっている。そのため，本章では主に学校経験と地元志向との関係に着目する。

3.3. 学校経験と教員養成との接続 (第6・7・8・9章)

　3つ目に，学校経験と教員養成との接続関係を検討する。「観察による徒弟制」論の重要な含意の一つは，児童生徒時代の学校経験が大学における養成教育を阻害する点であり，これは「かくれた危険」(pitfalls) (Feiman-Nemser and Buchmann 1985) と称されている。しかし，わが国の教師教育研究では「観察による徒弟制」が教員養成に及ぼす影響について，ほとんど知見が蓄積されていない。

　そのため，第6章「『観察による徒弟制』の理論と教員養成の諸問題」では，「観察による徒弟制」を論じた海外の先行研究を参照し，論点を整理しつつ，明らかにされてきた知見を概説する。第7・8・9章では，一つの教員養成学部の事例をもとに，「観察による徒弟制」と教員養成に関する実証的な分析を行う。第7章「『観察による徒弟制』に基づく教員養成学部生の類型分析」では，教員養成学部生における学校経験の類型化を試みる。そして，学校経験の類型によって教職観に特徴がみられるのかを分析する。第8章「『観察による徒弟制』と教員養成との接続関係」では，学校経験の類型に応じて，養成教育での学修態度に相違が生じたのか，また学校観・教職観が変容したのかを検証する。これにより，「観察による徒弟制」が養成段階での学修過程に及ぼす影響を探る。また，「観察による徒弟制」は大学での養成教育を阻害するため，なんらかの対処が必要であり，最終的には克服されるべきと指摘されている。第9章「『観察による徒弟制』の克服に向けて」では，「観察による徒弟制」を克服するとは具体的にどういうことかを検証し，克服に向けた方途を探ろうと試みる。

4. 調査の概要

　続いて，調査の概要に触れておきたい。本書は主に次の3つの調査に依拠して論を展開している。

4.1.　調査①：18 大学質問紙調査（2006 年実施）

　2006 年 6-10 月に京都大学大学院教育社会学研究室が実施した，大学生対象の生活・意識調査（「新しい青年世代の生活と意識についての調査〔大学生版〕」）である。これは 18 大学（地域別：関西 11・関東 3・北陸 2・東海 1・中国 1，国立 3・私立 15［うち偏差値上位校：国立 2・私立 4］）で行われた自記式の質問紙調査である（集合調査）。家庭環境に関する調査項目が多く，本書では第 1 章と第 2 章にて分析・考察を行った。なお，調査は教員養成学部だけでなく，多様な学部や教師以外の職業希望者も対象となっている。サンプルの総数 1,718 名であった。

　さて，教育学部や教職志望に限らず，多様な学部・学生を対象とする調査データを用いるのには，次のメリットがある。これまでの教師の予期的社会化に関する先行研究は，多くが教員養成学部，とくに研究者が所属する大学の学生を対象としたものである。しかし，「戦後の教師の供給源は開放制教員養成制度によって，教育学部に限られるわけではないし，地方と大都市圏とでは教師の供給源が大きく異なる可能性もある」（耳塚ほか 1988, p.88）。つまり，複数の学部，大学から得られた調査データは，開放制を前提とする教員養成を対象とする上で利がある。加えて，データには教師以外の職業希望者もサンプルに含んでおり，比較対象とすることで，教員志望者の特徴を一層明確にできる。

4.2.　調査②：11 大学質問紙調査＋ A 大学面接調査（2010 年実施）

　混合研究法に基づき，2010 年に質問紙調査と面接調査の 2 つを実施した。いずれも，主に教員志望者の教育経験，とりわけ学校経験に焦点づけた調査である。以下，それぞれの調査概要である。

a.　11 大学質問紙調査

　2010 年 5-7 月に 11 大学（地域別：関東 5・関西 4・東海 1・北陸 1，設置者別：国立 2・私立 9［うち偏差値上位校：国立 1・私立 2］）で実施した，大学生対象の質問紙調査（「大学生の教育に関わる経験と意識についての調査」）である。主に児童生徒時代の学校経験や学校観・教職観に関する調査項目を設定している。第 3・4・5 章にて分析・考察を行った。有効サンプル総数は 1,922 名であった。

これは教育学部と教職課程の授業を中心に実施した自記式の集合調査であるが，他の職業志望者との比較を目的に，他学部の一般の授業においても実施した。調査①と同様，11の大学，複数の学部への調査で得られた本データは，開放制の教員養成制度をある程度反映したものとして有効といえる。

b．A大学面接調査

2010年9-12月にて，A大学（首都圏・私立）の教員志望学生に対して実施した面接調査である。A大学は文系，理系の学部を複数もつ中規模の総合大学である。小学校教員養成を中心とする教育学部のほか，他学部でも中学校・高等学校の免許状取得のために教職課程を受講する者が比較的多い。質問内容は，主に教員志望にいたる経緯と過去の教育経験などである。調査は半構造化面接法にて行い，対象人数は16名（1年4名，2年7名，3年3名，4年2名，希望学校種：小学校6名，中学校7名，高校3名）であった。インタビューに要した時間はそれぞれ60-90分である。対象の選定は複数の教職課程の授業内にて協力を依頼し，調査内容を承諾した教員志望の意思が明確な学生である。この面接調査は多様なタイプの大学，教職課程が存在するなかで，1大学の事例でしかない。ただし，教員志望学生が経験した事実とそれに伴う意識を具体的に把握する上で有益である。主に本書ではaの質問紙調査の結果を解釈するのに活用した。

4.3．調査③：B大学質問紙調査＋B大学面接調査（2017・2018年実施）

B大学教育学部にて質問紙調査と面接調査を実施した。B大学教育学部は関西に位置する国立大学の教員養成学部である。主に小学校と中学校を中心に，幼稚園から高校まで複数の教員免許の取得が可能である。国立総合大学の教育学部のなかで教員就職率が上位に位置する年度もあり，おおむね入学時の教員志望は例年9割を超えている。学部いずれの専攻も卒業要件に教員免許状取得が義務づけられており，開放制の教員養成のなかでも，教職志向がかなり強い大学・学部といえるだろう。もちろん1大学1学部の事例研究であり，一般化には大いに難がある。ただし，同質的な教員志望集団を対象に，養成教育の効

果を測定しようとするねらいがあり，この点に本調査の意義がある。本書では第7・8・9章での分析に利用している。以下，質問紙調査・面接調査の概要である。

a. Ｂ大学教育学部質問紙調査

入学前の教育経験と入学後の教員養成との接続関係に着目するという趣旨から，養成教育の開始後まもない新入生時（2017年4月）と，養成教育1年目が終了した2学年当初（2018年4月）に調査を実施した（「大学生の学校経験と学校観・教職観に関するアンケート調査」）。調査は教職必修の授業にて，自記式の集合調査の形式で行った。具体的には，小学校から高校までの学校経験と現在の教育観・教職観，大学での学修態度等に関してたずねた。対象は当該年度の教育学部1・2年生すべてである。1年次のサンプルは240名（全体の97.6％），2年次は218名（同88.6%）となった。基本的に調査対象者は同一である[8]。また，2時点の個票データは紐づけされており，個人の変化を把握できる設計になっている。

b. Ｂ大学教育学部面接調査

質問紙調査の結果を補完するため，同じくＢ大学教育学部生を対象に，上記の学校経験と教育観・教職観，大学での学びに関わる質問をより詳細かつ具体的にたずねた面接調査（半構造化面接法）を実施した。対象者は質問紙調査の実施時に協力者を募って決定した。実施時期と人数は，1年生対象が2017年の6-7月で15名，2年生対象が2018年の6-7月で17名となった。インタビューに要した時間はおおよそ40-80分であった。調査②と同様，aの質問紙調査の結果に対し，その背景を把握する際に活用した。

以上，本書は大きく3つの調査に基づいている。各章では，テーマ・関心に合わせて，分析対象者を絞っている場合もある。そのため，具体的なサンプルの基本的な構成は章ごとに示している。また，インタビュー内容の引用に際しては便宜上，意味を損なわない程度に元データの表現を改めている。なお，調査では広く過去の経験などを回顧的にたずねており，忘失や過誤といった記憶

の限界や，現況によって過去が再構築される問題（例えば，Berger 訳書 2007，p.84）等は避けられず，留意されたい。

〈注〉

1) ただし，片岡（2014）の実証的研究によれば，高学歴の親ほど，教師に不信感を抱いておらず，むしろ学校を信頼し教師を尊敬しているという。

2) しかし，教師の成長を扱う社会学の枠組では，社会化論に対して次の課題も指摘されている。つまり，社会化論の人間の被形成的側面ないし社会化される側面に重きがおかれる点（柴野 1977）が，入職後の教師の「適応的創造」過程をとらえにくいと教師発達論が提起され（今津 1996），その後，ライフコース研究，ライフヒストリー研究へと分析枠組が継承されてきた（越智・紅林 2010）。ただ，こうした変化は，養成段階から現職教育へという教師研究の主たる関心の移行が背景にあり，教師になる以前の過程は社会化概念がとらえやすいという（今津 1996）。確かに，入職後の実践に伴う主体的な「適応的創造」の側面はそれ以前の時期には想定しにくい。よって，養成段階以前を対象とする本書では，職業的社会化の初期過程，すなわち予期的社会化論に位置づける。

3) 教育実習から派生して，学校ボランティアやインターンシップによる社会化の効果を問う研究群もある（原・芦原 2005 など）。

4) より詳細かつしばしば用いられる定義として，久冨（1988）は教員文化を次のように説明している。「教員文化とは，教員世界に見い出されるモーダルなあるいは変異的な行動型を要素とするものであるが，その単純な和であるより，その背後にあって行動を律し，教員たちに『世界解釈』のコードを与えている組織された全体である。その全体は，教員という職業の遂行（仕事と生活とを含めて）にまつわって歴史的に選択され，形成され・継承され，また創造されながら変容して行くところの蓄積された信念・慣習・伝統・思考法・心性・つき合い方などのセットからなっている」（久冨 1988，p.23）。

5) 実際，教師の適性はしばしば生まれながらの資質とみなされるという（Britzman 1986，p.451）。

6) ローティも，幼少期など早期の志望決定がなされる教職の場合，対費用効果などを視野に入れた合理的な職業選択モデルによる説明は十分ではないと指摘する。（Lortie 1975，p.42）

7) ウォーラーの『学校集団』（原書刊行 1932 年）では，米国における教師の社会的背景を次のように指摘している。「教師の大多数はアメリカ生れで，農村出身が過半数を占め，出身家庭は中流の下が多いということはわかっている」（Waller 訳書 1957，p.473）。この指摘は，戦前期から 1970 年代までの日本の教師についてもおおむねあてはまるといえる。

8) 3 年次（2019 年 4 月）にも調査を実施したが，サンプル数を十分に確保できず

（176 名，全 3 年生の 71.5％），また 2 年次の調査結果と比べても目立った知見が
得られなかったため，本書での分析・考察対象からは外すこととした。3 年次を
含めた結果は太田（2020）を参照のこと。

〈引用・参考文献〉

阿形健司，2005，「学生の教職観に与える教育実習の効果」『愛知教育大学研究報
　　告　教育科学編』第 54 輯，pp.87-90.

有本章，1976，「教職における予期的社会化」大阪教育大学教育学教室編『教育学
　　論集』第 5 号，pp.83-93.

Berger, Peter, 1963, *Invitation to Sociology*, Doubleday.（＝2007，水野節夫・村
　　山研一訳『社会学への招待 普及版』新思索社）.

Bourdieu, Pierre avec Loïc J. D. Wacquant, 1992, *Réponses: Pour une anthropol-
　　ogie réflexive*, Éditions du Seuil.（＝2007，水島和則訳『リフレクシヴ・ソシ
　　オロジーへの招待』藤原書店）.

Britzman, Deborah, 1986, Cultural Myths in the Making of a Teacher: Biography
　　and Social Structure in Teacher Education, *Harvard Educational Review*,
　　vol.56, no.4, pp.442-456.

Feiman-Nemser, Sharon and Margret Buchmann, 1985, "Pitfalls of Experience
　　in Teacher Preparation", *Teachers College Record*, vol.87, no.1, pp.53-65.

藤枝静正，2002，「教師になるということ」日本教師教育学会編『教師をめざす』
　　学文社，pp.13-21.

原清治・芦原典子，2005，「スクールボランティアがもたらす教育的効果の研究」
　　『佛教大学教育学部学会紀要』第 4 号，pp.51-65.

Hargreaves, Andy, 2006, Four Ages of Professionalism and Professional Learn-
　　ing, Hugh Lauder, Phillip Brown, Jo-Anne Dillabough and A. H. Halsey
　　eds., *Education, Globalization and Social Change*, Oxford University Press,
　　pp.673-691.（＝2012，佐久間亜紀訳「教職の専門性と教員研修の四類型」『グ
　　ローバル化・社会変動と教育 2　文化と不平等の教育社会学』東京大学出版会，
　　pp.191-218）.

Hochschild, Arlie Russell, 1983, *The Managed Heart: Commercialization of Hu-
　　man Feeling*, University of California Press.（＝2000，石川准・室伏亜希訳
　　『管理される心』世界思想社）.

市川昭午，2015，『教職研修の理論と構造』教育開発研究所。

池田秀男，1974，「教員養成大学におけるプロフェッショナル・ソーシャライゼー
　　ションに関する調査研究（Ⅰ）」『広島大学教育学部紀要　第一部』第 23 号，
　　pp.125-136.

今津孝次郎，1978，「学生の内的側面からみた教師養成過程」『三重大学教育学部

研究紀要』第 29 巻第 4 号，pp.17-33.

今津孝次郎，1979，「教師の職業的社会化 (1)」『三重大学教育学部研究紀要　教育科学』第 30 巻第 4 号，pp.17-24.

今津孝次郎，1996，『変動社会の教師教育』名古屋大学出版会。

稲垣恭子，2017，『教育文化の社会学』放送大学教育振興会。

伊藤敬，1979，「『教師の社会学』の視点と展望」『教育社会学研究』第 34 集，pp.50-63.

伊藤敬，1980，「教育学部学生の教職志向性の展開過程」『静岡大学教育学部研究報告　人文・社会科学篇』第 31 号，pp.115-128.

伊藤敬・山崎準二，1986，「教職の予期的社会化に関する調査研究 I」『静岡大学教育学部研究報告　人文・社会科学篇』第 37 号，pp.117-127.

伊藤敬・山崎準二，1987，「教職の予期的社会化に関する調査研究 II」『静岡大学教育学部研究報告　人文・社会科学篇』第 38 号，pp.117-140.

伊藤敬・山崎準二，1989，「教員の職業的社会化の基礎的条件に関する調査研究」『静岡大学教育学部研究報告　人文・社会科学篇』第 40 号，pp.187-214.

陣内靖彦，1988，『日本の教員社会』東洋館出版社。

加野芳正，1984，「教職能力の形成過程に関する調査研究」『香川大学教育実践研究』第 2 号，pp.29-37.

唐澤富太郎，1955，『教師の歴史』創文社。

片岡えみ，2014，「誰が教師を信頼しているのか」『駒澤社会学研究』第 46 号，pp.45-67.

木村育恵・中澤智惠・佐久間亜紀，2006，「国立教員養成系大学の学生像と教職観」『東京学芸大学紀要　総合教育科学系』第 57 集，pp.403-414.

小島秀夫・篠原清夫，1985，「大学生の職業意識形成過程の研究」『茨城大学教育学部紀要 (教育科学)』第 34 号，pp.281-296.

国立教育政策研究所編，2019，『教員環境の国際比較　OECD 国際教員指導環境調査 (TALIS) 2018 調査報告書』ぎょうせい。

久冨善之，1988，「教員文化の社会学・序説」久富善之編著『教員文化の社会学的研究』多賀出版，pp.3-84.

久冨善之，1996，「学校文化の構造と特質」久冨善之編著『学校文化という磁場』柏書房，pp.7-41.

紅林伸幸・川村光，2001「教育実習への縦断的アプローチ」『滋賀大学教育学部紀要 I　教育科学』第 51 号，pp.77-92.

Lortie, Dan C., 1975, *School Teacher: A Sociological Study*, The University of Chicago Press.

松本良夫・生駒俊樹，1984，「『教員養成大学』学生の進路志望と教職観」『東京学芸大学紀要　第 1 部門　教育科学』第 35 集，pp.63-75.

耳塚寛明・油布佐和子・酒井朗，1988，「教師への社会学的アプローチ」『教育社

会学研究』第 43 集，pp.84-120.

溝口謙三，1975，「大学の地域的機能」『山形大学紀要（教育科学）』第 6 巻第 2 号，pp.91-119.

文部科学省，2023，「令和 4 年度公立学校教職員の人事行政状況調査について 1-1-2 病気休職者の推移（教育職員）（過去 5 年間）」文部科学省ホームページ，（2024 年 10 月 29 日取得　https://www.mext.go.jp/content/20231222-mxt_syoto01-000033180_3.pdf）.

武藤孝典・松谷かおる，1991，「教職への職業的社会化に関する研究」『信州大学教育学部紀要』第 73 号，pp.97-116.

永井聖二，1977，「日本の教員文化」『教育社会学研究』第 32 集，pp.93-103.

永井聖二，2000，「『学校文化』に埋め込まれる教師」永井聖二・古賀正義編著『《教師》という仕事＝ワーク』学文社，pp.167-184.

中村瑛仁，2019，『〈しんどい学校〉の教員文化』大阪大学出版会。

越智康詞・紅林伸幸，2010，「教師へのまなざし，教職への問い」『教育社会学研究』第 86 集，pp.113-136.

小野田正利，2006，『悲鳴をあげる学校』旬報社。

小野浩，1975，「教育学部」清水義弘編『地域社会と国立大学』東京大学出版会，pp.291-311.

大阪教育文化センター教師の多忙化調査研究会編，1996，『教師の多忙化とバーンアウト』法政出版。

太田拓紀，2011，「教師としての力量の自己評価に対する教育実習の影響」『玉川大学教師教育リサーチセンター年報』第 2 号，pp. 15-23.

太田拓紀，2018，「教師文化と学校」稲垣恭子・岩井八郎・佐藤卓己編『教職教養講座第 12 巻　社会と教育』協同出版，pp. 43-60.

太田拓紀，2020，「『観察による徒弟制』の教員養成教育に対する影響 —教員養成学部生における入学前の学校経験と養成教育の 2 年間—」『滋賀大学教育実践研究論集』第 2 号，pp.37-44.

大田堯，1983，『教育とは何かを問いつづけて』岩波書店。

小澤浩明，1994，「階級・階層の再生産と教員文化」久富善之編著『日本の教員文化』多賀出版，pp.57-77.

柴野昌山，1977，「社会化論の再検討」『社会学評論』第 27 巻第 3 号，pp.19-34.

高橋哲，2011，「教員―未完の計画養成」橋本鉱市編著『専門職養成の日本的構造』玉川大学出版部，pp.104-125.

高島裕美，2023，「働き方改革下の教員文化の変容」『現代社会学研究』第 36 巻，pp.1-18.

Waller, Willard, 1932, *The Sociology of Teaching*, John Wiley and Sons.（=1957, 石山脩平・橋爪貞雄訳『学校集団：その構造と指導の生態』明治図書出版）.

山田浩之，2002，『教師の歴史社会学』晃洋書房。

山田哲也・長谷川裕，2010，「教員文化とその変容」『教育社会学研究』第 86 集，
　　pp.39-58.

山﨑準二，2012，『教師の発達と力量形成』創風社。

横浜市教育委員会編著，2011，『「教師力」向上の鍵―「メンターチーム」が教師
　　を育てる，学校を変える！』時事通信出版局。

吉田美穂，2005，「教員文化の内部構造の分析」『教育社会学研究』第 77 集，
　　pp.47-67.

油布佐和子，1994，「privatization と教員文化」久冨善之編著『日本の教員文化』
　　多賀出版，pp.357-383.

第 1 部

教員志望者の
来歴・社会的背景

第1章

教員志望者の家庭的背景

1. はじめに

1.1. 問題の所在

本章では教員志望者の家庭的背景を検証する。具体的には社会階層とそれに関わる家庭の文化的経験において，教員志望学生がいかなる特性をもつのかを明らかにする。

教職と社会階層との関係は，予期的社会化研究の中心的なテーマであったといえる。もともと教育の近代化以降，伝統的に教師の社会階層で顕著であったのは農業層であった（唐澤 1955，陣内 1988，山田 2002 など）。1970 年代前半までの教員養成系大学・学部生調査によると，教師の父親（家計支持者）の職業は農業がおおよそ 3-4 割と最も比率が高かった（田中 1960，池田 1974 など）。しかし，1970 年代半ばから，教員養成学部生の父職が農業である比率は 3 割を下回るようになり（溝口 1975 など）。その後はホワイトカラーが教員志望学生における社会階層の中心になっていく（今津 1978，伊藤 1979，腰越 2001，木村ほか 2006 など）。

一方，予期的社会化研究では，教職に就く学生の文化的経験を問うことは限られてきた。そのなかで，紅林・川村（1999）は，大学入学以前の学校経験に焦点づけている。そして，積極的な学校体験は教職への距離を狭める要因になると指摘している。しかし，学校での教育経験が教員志望に関係をもつ（本書第 3 章以降で検証）とすれば，家庭での文化的経験も検討に値するだろう。なぜなら，職業の選択は家庭教育で形成されるハビトゥスに左右されるためであ

る (Bourdieu 訳書 1990)。そもそも学校外の教育経験は，社会階層とそれに伴う経済資本・文化資本に大きく依存し，子どもの社会化に偏差をもたらす程度は，学校教育よりも大きいはずである。

　以上より，本章では 18 大学実施の質問紙調査をもとに，教員志望者の家庭的背景の特徴を，他の職業志望者と比較しつつ，社会階層，家族との教育的・文化的経験から検討を試みる。その上で，得られた分析結果と教員文化との関係についても論及したい。

1.2. 分析の対象

　分析対象は，調査① 18 大学調査 (2006 年実施) のデータである。本章では，全サンプルの 1,718 名を用いた (表1-1)。このうち，教員志望者は 299 名 (17.4 %) であった。[1] 一般的な大学生の職業希望の構成と比べ，教員志望者が際立って多いといえる。また，1・2 年生のサンプルが大半を占めている。偏りが生じた

表1-1：分析対象者の基本的属性

	希望職業			
	教職	教職以外	未決定	計
性別				
男性	149	258	374	781
女性	150	330	456	936
不明			1	1
学年				
1 年	158	274	326	758
2 年	65	146	298	509
3 年	36	94	168	298
4 年以上・他	40	74	39	153
学部				
教育学部	99	57	83	82
人文科学系	127	240	279	646
社会科学系	24	104	194	322
自然科学系	22	72	113	207
総合科学系	27	113	158	298
N.A.		2	4	6
計	299 (17.4%)	588 (34.2%)	831 (48.4%)	1,718 (100.0%)

のは，調査は複数の大学・学部で幅広く実施されたものの，厳密な無作為抽出に拠っていないためである。ただ，分析は教員志望学生の家庭的背景の特性を他の学生と比較した上で明らかにするのがねらいである。よって，教員志望者に十分なサンプルがあることは好都合でもある。

2.　分析結果

2.1.　教員志望学生の社会階層

　まず，教員志望学生の社会階層を確認しよう。表 1-2 は，教員志望，教員以外志望，希望職業未決定の学生の父職を集計したものである。全体で高い比率を示すのは，「専門管理」(32.4 %)，「事務」(34.1 %) といった，いわゆるホワイトカラー層である[2]。先述したように 1970 年代半ば以降，ホワイトカラーが教員志望学生における社会階層の中心になったが，ホワイトカラー層が 6 割を超える表 1-2 の結果はそれと矛盾しない。一方，表を改めてみると，教員志望以外との間に有意な差はなく，教員志望者に限っての特徴はみられなかった。つまり，教員志望者の社会階層は他の職業希望と変わりがなかった。経済的に貧しいながらも学校の模範生であるがゆえに上級学校に引き上げられ，教職に進むという伝統的な教師特有のキャリア・パターン (唐澤 1955 など) は，この

表 1-2：希望職業と社会階層

	専門管理	事務	販売サービス	マニュアル農業	その他	計
教職	97 (32.4%)	102 (34.1%)	26 (8.7%)	52 (17.4%)	22 (7.4%)	299 (100.0%)
教職以外	173 (29.4%)	202 (34.4%)	79 (13.4%)	88 (15.0%)	46 (7.8%)	588 (100.0%)
未決定	289 (34.8%)	254 (30.6%)	103 (12.4%)	124 (14.9%)	61 (7.3%)	831 (100.0%)
計	559 (32.5%)	558 (32.5%)	208 (12.1%)	264 (15.4%)	129 (7.5%)	1,718 (100.0%)

$\chi^2(8)=9.73$, $p>.05$

表から読みとることはできない。

2.2. 教員志望者の家族との教育的・文化的経験

　次に，家庭での教育的・文化的経験について検証したい。一般的に社会階層に応じて親の教育戦略が異なると指摘される（片岡 2001 など）が，家族との教育的・文化的な接触において，教員志望者に何らかの特徴を見いだせるのだろうか。表1-3は，中学生までの家族との教育的・文化的経験の頻度（3項目，「よくあった」「たまにあった」「ほとんどなかった」「全くなかった」の4件法）を教員志望者とそれ以外で比較したものである 。

表 1-3：希望職業と教育的・文化的経験 (平均値・分散分析)

	教職 n=299	教職以外 n=587	未決定 n=829		多重比較
親 (保護者) が勉強を教えてくれた	2.95	2.92	2.82	*	教職・教職以外＞未決定
家族と旅行に行った	3.54	3.36	3.31	***	教職＞教職以外・未決定
家族と美術館・博物館・コンサートに行った	2.79	2.68	2.58	**	教職・教職以外＞未決定

$^{*}p<.05,$　$^{**}p<.01,$　$^{***}p<.001$

　結果を見ると，いずれの項目も有意差があり，教員志望者が最も高い値を示している。多重比較から，「親 (保護者) が勉強を教えてくれた」「家族と美術館・博物館・コンサートに行った」の2項目では，教職は未決定に対して有意に高い。また，「家族と旅行に行った」では，教職が教職以外・未決定のいずれに比しても有意に高かった。もちろん，3つの質問項目のみで教育的・文化的経験の強弱を十分に測れるものではない。ただ，総じて教員志望者は文化的経験において，家族との接触が多かったといえるだろう。

2.3. 教員志望者の習い事経験

　続いて，家庭の教育的・文化的経験の別の指標として，習い事をみていきたい。子どもの習い事の選択は，保護者の文化的・経済的背景や教育意識のあら

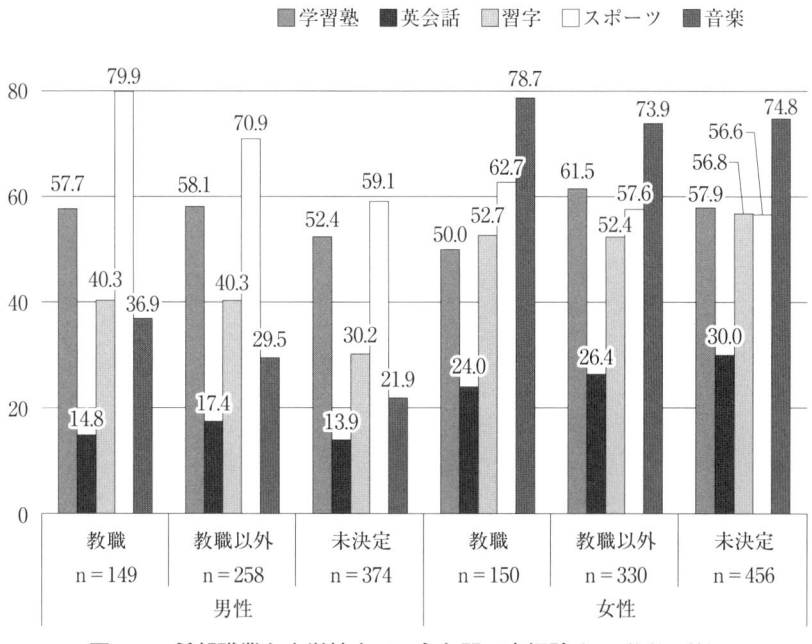

図 1-1：希望職業と小学校までの主な習い事経験（％，複数回答）

　われと読みとれる。では，教員志望者が経験した習い事にはどのような特徴が
あるのだろうか。**図 1-1** は，調査票の質問項目のなかで経験率（小学校まで）が
高かった習い事 5 項目（「学習塾」「英会話」「習字」「スポーツ」「音楽」）をピック
アップし，男女別に教員志望者と他を比較したものである。これをみると，男
女とも教員志望者は，「スポーツ」と「音楽」の経験率がやや高いようである[3]。
　次に，経験した習い事の数を検証したい。性別，希望職業を独立変数とし，
習い事の経験数（上掲の 5 つ）を従属変数として分散分析を実施した（**表 1-4**）。
その結果，性別，希望職業の主効果が有意となった（女性＞男性）。多重比較の
結果，教職と教職以外が未決定に比べて有意に多かった（教職・教職以外＞未決
定）。また，交互作用が有意となったため単純主効果の検定を行うと，男性の
場合，希望職業の効果が有意となった（$F(2,1711)=13.20$，$p<.001$）。つまり，
習い事の経験数では，男性の教員志望者は多いといえたが，女性の教員志望者

表1-4：希望職業と習い事経験数（平均値，二元配置分散分析）

男性			女性			F 値
教職 n=149	教職以外 n=258	未決定 n=374	教職 n=150	教職以外 n=330	未決定 n=456	
2.30	2.16	1.78	2.68	2.72	2.76	性別：100.60*** 希望職業：5.29** 交互作用：13.37***

* $p<.05$, ** $p<.01$, *** $p<.001$

は他と差がなかったことになる。

　ただ，複数回答でもあり，単純集計によるパーセンテージや平均値の比較では，希望職業ごとの習い事の特徴を十分に把握しえない。そのため，対応分析を実施し，希望職業と習い事の関係性をより明確に示すこととした（図1-2）。なお，これまで教員以外の希望職業を志望する群を一まとめにしてきたが，具体的な職業の内容から「専門職」「公務員」「企業」の3つにコーディングしなおしている[4]。

　分析の結果，抽出された因子軸より，第Ⅰ軸（寄与率92.8%），第Ⅱ軸（寄与率4.5%）を採用し，この2因子で寄与率は97.3%となった。また，点の布置を確認すると，第Ⅰ軸は左側が女性，右側は男性がプロットされている。よって，第Ⅰ軸は習い事経験の性差を示す軸と理解できる。一方，第Ⅱ軸は下側に「学習塾」「英会話」，上側に「スポーツ」「音楽」が位置しているため，「学習系－文化系」というように，習い事のジャンルの軸と読みとることができよう。

　さて，図をみると，男性の教員志望者は「スポーツ」との距離が近く，両者の関連が強いといえる。男性の専門職，公務員志望が「学習塾」のプロットに近いのとは対照的である。一方，女性の場合，教員志望は，専門職志望と同様，音楽教室との関係が比較的強いと思われる。ただ，専門職に比べると，教員志望者は第Ⅱ軸でより高い位置にプロットされており，学習系の習い事を最も経験していないグループとなる。また，女性に限って公務員，企業志望者は，英会話に近接している。

　このように，教員志望者の特性はスポーツや音楽の習い事を多く経験し，塾・

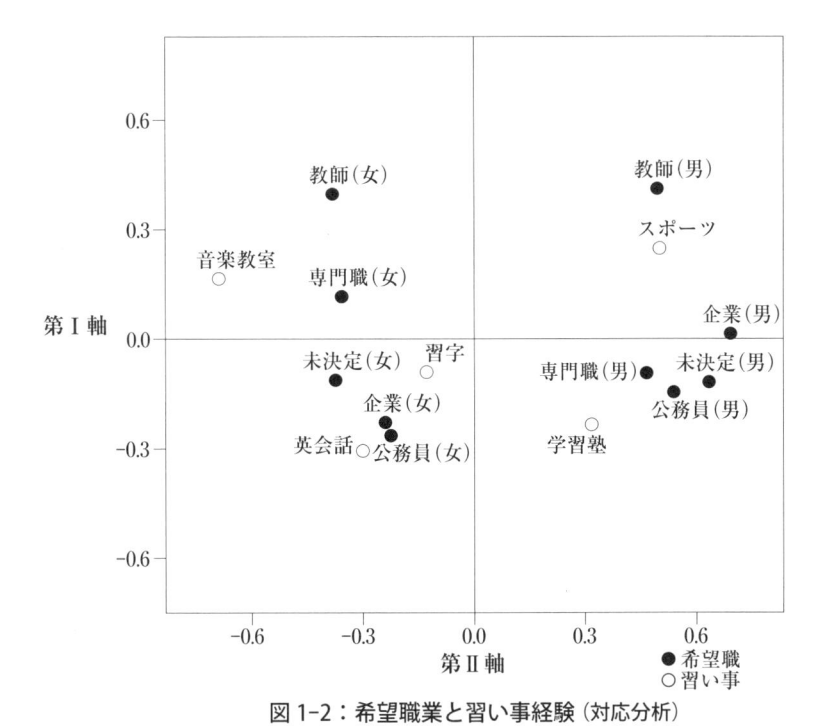

図1-2：希望職業と習い事経験（対応分析）

英会話など学習系の習い事に専念しない傾向にあるといえよう。[5]

2.4.　教員志望者の将来意識

　これまで社会階層，家庭での教育的・文化的経験，習い事経験から，教員志望者の特徴を概観してきた。次に，家庭関連の変数と関連が強いと想定される将来意識に焦点をあてたい。特定の社会階層・家庭教育の影響を受けた個人が，特徴的なものの見方や実践感覚，すなわちハビトゥスを身体化している（Bourdieu 訳書 1990 ほか）のであれば，それはある特定の将来意識を保持するようにも方向づけていると予想できる。では，教員志望者の将来意識にはどのような特性があるだろうか。

　表1-5 は，将来意識をたずねた9つの質問（「非常に重視」「やや重視」「あまり重視せず」「まったく重視せず」の4件法）に対し，因子分析を行った結果である。[6]

表 1-5：将来意識の因子分析 (n=1697)

	第1因子 地位達成	第2因子 家族重視	第3因子 社会貢献	第4因子 個性志向
a. 高い地位につくこと	**0.81**	-0.09	0.07	-0.03
b. 高い収入を得ること	**0.66**	0.03	-0.06	0.03
c. 世間的に評判のよい職業に就くこと	**0.55**	0.09	0.00	0.03
d. 幸せな家庭をもつこと	0.04	**0.75**	-0.04	-0.04
e. 両親やきょうだいを大切にすること	-0.03	**0.64**	0.10	0.01
f. 恵まれない人達を支援すること	-0.08	0.02	**0.73**	0.06
g. 社会の発展のために尽くすこと	0.09	0.02	**0.63**	-0.04
h. 自分の能力や性格に合う職業をみつけること	0.03	0.08	-0.09	**0.70**
i. 自分の興味や関心を追求すること	0.00	-0.11	0.12	**0.53**
固有値	2.43	1.57	1.23	1.08
回転後の因子寄与	1.54	1.32	1.24	0.95

注：主因子法，Kaiser の正規化を伴うプロマックス法による。

因子相関行列

	第1因子	第2因子	第3因子	第4因子
第1因子	1.00			
第2因子	0.22	1.00		
第3因子	0.18	0.39	1.00	
第4因子	0.17	0.28	0.20	1.00

固有値の変遷から4つの因子構造が妥当と判断し，そのまとまりから第1因子を「地位達成」(「高い地位」「高い収入」「評判のよい職業」)，第2因子を「家族重視」(「幸せな家庭」「親・きょうだい大切」)，第3因子を「社会貢献」(「恵まれない人を支援」「社会発展に尽力」)，第4因子を「個性志向」(「能力・性格に合う職業」「自分の興味・関心追求」)と称することとした。

　では，抽出された4つの将来意識において，教員志望者の特徴を見いだせるのだろうか。**表 1-6** は4つの将来意識因子得点を従属変数，性別，希望職業を独立変数として分散分析を試みたものであり，**図 1-3** ではその平均値を図示した。結果をみると，まず「地位達成」では性別に有意差はないが，教員志望者は男女とも他群と比較して有意に値が低い (男性：-0.26, 女性：-0.24, 多重比較：

表 1-6：希望職業と将来意識（平均値・二元配置分散分析）

	男性			女性			F 値		
	教職 n=149	教職 以外 n=256	未決定 n=370	教職 n=147	教職 以外 n=327	未決定 n=447	性別	希望 職業	交互 作用
地位達成	-0.26	0.02	0.13	-0.24	0.03	0.03	0.23	15.83***	0.98
家族重視	0.08	-0.10	-0.17	0.19	0.07	0.06	14.88***	5.55**	0.70
社会貢献	0.11	0.05	-0.21	0.15	0.13	-0.03	5.03*	15.55***	0.97
個性志向	-0.06	-0.11	-0.12	0.04	0.13	0.07	18.56***	0.25	0.89

*$p < .05$, **$p < .01$, ***$p < .001$

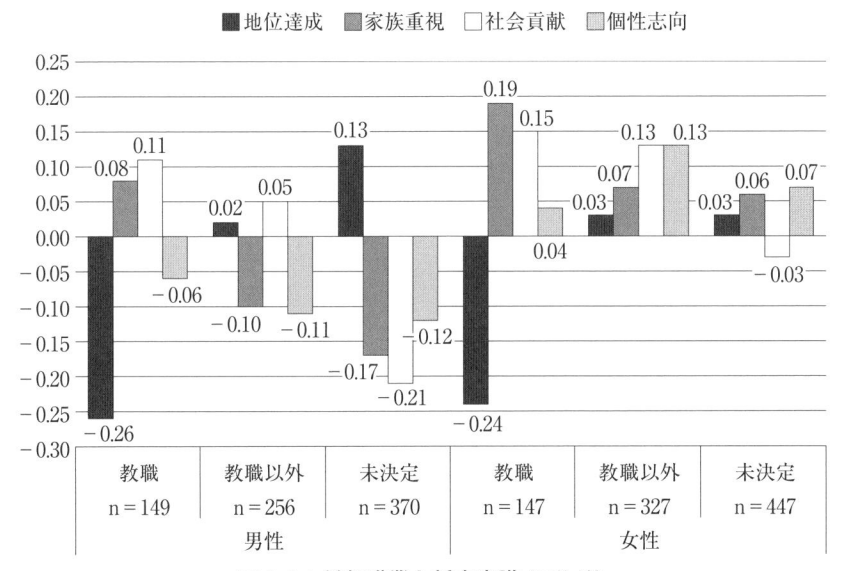

図 1-3：希望職業と将来意識（平均値）

教職以外・未決定＞教職）。また，「家族重視」は女性が全般的に高い傾向にあるものの，こちらは男女とも教員志望者の値が最も高くなっている（男性：0.08，女性：0.19，多重比較：教職・教職以外＞未決定）。「社会貢献」についても同様に，教員志望者が高い（男性：0.11，女性：0.15，多重比較：教職・教職以外＞未決定）。しかし，「個性志向」は希望職業に有意差がみられない結果となった。

このように，教員志望者の将来意識の特性は「地位達成」がとりわけ低く，

「家族重視」「社会貢献」が強い傾向にあるといえる。

2.5.　家庭的背景にみる教員志望の判別要因

　最後に，これまでとりあげた家庭的背景の変数のうち，教職志望を判別する要因は何かについて，多項ロジスティック回帰分析を用いて検証することとした。従属変数は「教職志望」，「教職以外志望」，「未決定」の3カテゴリである。一方，独立変数は社会階層（父職「専門・管理」「事務」「販売・サービス」「マニ

表 1-7：希望職業判別の家庭的要因（多項ロジスティック回帰分析）

		男性			女性		
		教職／教職以外 b	教職／未決定 b	教職以外／未決定 b	教職／教職以外 b	教職／未決定 b	教職以外／未決定 b
社会階層							
父職	専門・管理	0.29	0.11	-0.18	-0.19	-0.49[*]	-0.31[+]
（参照：	販売・サービス	-0.15	-0.38	-0.24	-0.55	-0.37	0.18
事務）	マニュアル・農業	0.58[+]	0.52	-0.06	-0.15	-0.09	0.06
	その他	-0.55	-0.33	0.22	0.39	0.41	0.02
教育的・文化的経験							
家庭教育（共変量）		0.30[+]	0.35[*]	0.05	0.13	0.42[*]	0.29[*]
習い事							
小学校	学習塾	-0.08	0.10	0.18	-0.46[*]	-0.34[+]	0.12
まで	英会話	-0.38	-0.25	0.12	-0.17	-0.40[+]	-0.23
	習字	-0.08	0.30	0.38[*]	0.01	-0.19	-0.20
	スポーツ	0.54[*]	0.96[***]	0.42[*]	0.34	0.37[+]	0.03
	音楽	0.27	0.51[*]	0.23	0.31	0.30	0.00
将来意識（因子得点）							
地位達成（共変量）		-0.47[***]	-0.70[***]	-0.23[*]	-0.50[***]	-0.54[***]	-0.04
家族重視（共変量）		0.37[*]	0.29[+]	-0.08	0.42[*]	0.22	-0.20[+]
社会貢献（共変量）		-0.01	0.43[**]	0.44[***]	0.10	0.39[*]	0.29[*]
個性志向（共変量）		0.01	-0.01	-0.02	-0.29[+]	-0.18	0.12
（定数）		-1.97[***]	-2.93[***]	-0.96[*]	-1.34[*]	-2.39[***]	-1.04[*]
$\chi^2(28)$		109.24[***]			68.92[***]		
Cox&Snell R^2		0.13			0.07		
Nagelkerke R^2		0.15			0.08		
n		773			918		

[+] $p<.10$，[*] $p<.05$，[**] $p<.01$，[***] $p<.001$

ュアル・農業」「その他」：ダミー変数），教育的・文化的経験（2.2 節で用いた家庭教育 3 質問項目の平均値）[7]，習い事（「学習塾」「英会話」「習字」「スポーツ」「音楽」：ダミー変数），将来意識（2.4 節の因子分析により生成された各因子得点）である。

　表 1-7 が分析結果となる。まず，社会階層であるが，男性は教職以外の志望者を参照カテゴリにすると，教職志望の父職「マニュアル・農業」が一応の効果がみられるも，10 ％の有意水準でしかない。また，女性の教職志望は，未決定者が参照カテゴリの場合，父職「専門・管理」が負の影響をもたらしている。ただ，教職以外を参照カテゴリにすると，有意な項目はなくなる。やはり全般的に，教職選択における社会階層の効果は限定的といえそうである。

　次に，家庭教育の変数は，男女とも未決定を参照カテゴリにすると，教職選択の正の判別要因として有意であった。

　習い事では，男性の場合，「スポーツ」の経験が教職志望の判別に有意な効果をもたらしている。同様に未決定者に対し，「音楽教室」の効果もみられた。一方，女性は未決定者に対して，「スポーツ」の影響が 10 ％の有意水準でしかないが確認できる。さらに，「学習塾」が負の効果をもたらしていた。

　最後に，将来意識であるが，男女とも教職志望は，教職以外・未決定いずれに対しても，「地位達成」に負の影響が生じていた。また，教職以外を参照した場合，男女とも「家族重視」に正の効果が認められた。さらに，男女とも未決定者に対して「社会貢献」意識が教職の判別に正の効果をもたらしていた。

3.　ま と め

3.1.　家庭的背景からみた教員志望者の特徴

　本章の結果から，教師をめざす若者の姿をどのように描けるだろうか。まず，教員志望者の社会階層はホワイトカラーが中心で，1970 年代後半以降の傾向（今津 1978，伊藤 1979，腰越 2001，木村ほか 2006 など）を受け継いでいた。そして，他の職業志望者との間に差がなかった。つまり，教職の社会階層の特性は見いだせなかった。一方，教員志望者は，家庭での教育的・文化的経験が比較的に

豊富であった。また，教員志望者は習い事経験でスポーツや音楽といった経験が目立ち，とくにスポーツ（男性）は教職志望の判別に有意な効果が認められた。さらに，教員志望者の将来意識として顕著であったのは，地位達成のそれが低いことであった。加えて，家族重視や社会貢献の意識も教職志望の判別に有意であった。自らの社会的地位や収入を専ら追求せず，家族や社会との関係を重視する思考が特徴といえるだろう。

　かれらが自らの利益ではなく関係性を希求するのであれば，数多くの研究で，教職志望に影響を与えたと指摘する「すばらしい教師との出会い」も次のように解釈できるのではなかろうか。つまり，すぐれた教師に出会うのはなにも教員志望者たちだけではない。しかし，そうした教師を「すばらしい」と感受し，自らもそのようになりたいと憧れる者は一部にすぎない。憧憬の前提には，そうした教師を自らの将来像のモデルと認識するような性向があらかじめ備わっていなければならない。関係性を志向するかれらは，そうしたハビトゥスを身体化していたのであり，それこそが教職へと導くのではなかろうか。

3.2.　教員文化との関連

　さらに，本章の結果と教員文化との関連を指摘しておきたい。それは，教員志望者たちの家族関係・人間関係を志向する意識が，学校組織の歴史性，伝統性として指摘される「学校内家族主義」（中内 1969），「家族主義」（児島 1974）に適合的ではないかということである。家族制の論理を擬制とする「家族主義」としての学校と教員集団は，「温情－共同－献身といった『和』の結合原理に基づくもの」であり，「多機能的なコミュニティとしての性格をもつもので，単一機能としてのアソシエーションとしての性格をもつものではない」（児島 1974, p.89）。確かに，家族といった第1次集団（primary group）との紐帯が強い教員志望者たちは，こうした場にそれほど齟齬なく適応する可能性が高いと思われる。さらに，「家族主義」の学校のように「人格的支配が優先する組織においては，業績主義より帰属主義が優先する」（同上）という。本章でみた教員志望者の地位達成意識の低さは，業績主義が二次的とされる学校組織の社会

的性格に無関係ではないように推測される。

　ブルデューは「ある位置に結びついたさまざまな性向はいずれも同質のものであり，またこの位置につきもののいろいろな要請にたいして一見奇跡的とも思えるほどに適合している」(Bourdieu 訳書 1990，p.172) と指摘する。本章の結果をみると，教員志望者のハビトゥスは，学校文化，教員文化に整合する点が少なくないと思えるのである。

〈注〉

1)　教員志望者は次のように抽出した。調査①の質問「Q46　あなたは将来就きたい職業を決めておられますか」で「決めている」を選択し，その上で下位質問「それはどのような職業ですか」の自由記述欄で「教師」「教員」等と答えた者である。それ以外の職業を記入した者は，分析内容に応じて，「教職以外」あるいは「専門職」「公務員」「企業」と分類してカテゴリ化している。一方，就きたい職業で「決めていない」を選択した者は「未決定」として分類した。

2)　なお，性別について，男女それぞれのクロス表を作成して比較しても，職業志望者と出身階層は男女ともほぼ同様の比率を示し，有意差がみられなかった（男性：n=781，$\chi^2(8)$=9.10，p>.05，女性：n=936，$\chi^2(8)$=10.69，p>.05）。

3)　また，習い事の重複率を確認すると，男性は3群とも「塾×スポーツ」が最も多いが，他群と比べて教員志望者の比率が高いのは「スポーツ×音楽」(28.9 %)，「塾×音楽」(24.2 %) であった。また，女性は各群とも「スポーツ×音楽」が最も多いが，なかでも教員志望者の比率が3群のうちで最も高くなっている (48.7 %)。

4)　教職以外志望者を再カテゴリ化した際，「専門職」「公務員」「企業」には分類できなかった職種等については，分析から除外している (61 名)。

5)　社会階層と希望職業について関連がなかったことは**表1-2**で見たとおりであるが，社会階層と習い事の経験について，クロス表で確認すると「専門・管理」が高く「マニュアル・農業」が低い値を示す傾向にあったのは，女性の「スポーツ教室」と男女の「音楽教室」であった (p<.05)。

6)　将来意識に関わる質問文の作成は，石田ほか (2005) を参考にした。

7)　家庭教育の3つの質問群に対し信頼度係数（クロンバックのα係数）を算出するとα=0.62となり，一定の内的整合性が認められた。

〈引用・参考文献〉

Bourdieu, Pierre, 1979, *La Distinction: Critique Sociale du Jugement*, Éditions de Minuit.（= 1990，石井洋二郎訳『ディスタンクシオンⅠ』藤原書店）.

Bourdieu, Pierre avec Loïc J. D. Wacquant, 1992, *Réponses: Pour une anthropol-*

ogie réflexive, Éditions du Seuil.（＝2007, 水島和則訳『リフレクシヴ・ソシオロジーへの招待』藤原書店）.

池田秀男, 1974,「教員養成大学におけるプロフェッショナル・ソーシャライゼーションに関する調査研究（I）」『広島大学教育学部紀要　第一部』第23号, pp.125-136.

今津孝次郎, 1978,「学生の内的側面からみた教師養成過程」『三重大学教育学部研究紀要』第29巻第4号, pp.17-33.

石田浩・長尾由希子・元治恵子・深堀聰子・佐藤香・朴澤泰男・鶴田典子・本田由紀, 2005,「高校生の進路選択と意識に関する実証研究（1）」『日本教育社会学会第57回大会　発表要旨集録』, pp.105-110.

伊藤敬, 1979,「教育学部学生の職業的社会化に関する一考察」『静岡大学教育学部研究報告　人文・社会科学篇』第30号, pp.99-119.

陣内靖彦, 1988,『日本の教員社会』東洋館出版社。

唐澤富太郎, 1955,『教師の歴史』創文社。

片岡栄美, 2001,「教育達成過程における家族の教育戦略」『教育学研究』第68巻第3号, pp.259-273.

木村育恵・中澤智恵・佐久間亜紀, 2006,「国立教員養成系大学の学生像と教職観」『東京学芸大学紀要　総合教育科学系』第57集, pp.403-414.

児島邦宏, 1974,「学校経営における伝統性」『東京学芸大学紀要　第1部門　教育科学』第25集, pp.85-96.

腰越滋, 2001,「東京学芸大学学生の教職志望度に関する一考察」『東京学芸大学紀要　第1部門　教育科学』第52集, pp.25-37.

紅林伸幸・川村光, 1999,「大学生の教職志望と教師化に関する調査研究（1）」『滋賀大学教育学部紀要　I：教育科学』第49号, pp.23-38.

溝口謙三, 1975,「大学の地域的機能」『山形大学紀要（教育科学)』第6巻第2号, pp.91-119.

中内敏夫, 1969,「教師と教員と世間師」中内敏夫・川合章編『日本の教師1　小学校教師の歩み』明治図書出版, pp.32-57.

田中賢, 1960,「教職志望学生の教職並に自家の社会経済的地位についての評定」『愛媛大学紀要　第5部　教育科学』第7巻第1号, pp.13-23.

山田浩之, 2002,『教師の歴史社会学』晃洋書房。

第**2**章

教職の予期的社会化要因
としての親＝教師

1. はじめに

1.1. 問題の所在

　一般的に教師を志望する者は，親も教師であることが多いといわれる。教職を代々引き継ぐ，いわゆる教師の家系があるとも指摘されてきた。現代において，教師の職業再生産の傾向は，他の職業と比べても，顕著であるといえるのだろうか。また，教職を再生産する家族関係にはどのような特徴がみられるのだろうか。本章では教職の予期的社会化要因として，親＝教師の影響を検証する。

　もともと，教職志望には重要な他者（significant other）が関与しているとされ，とくに学校で教わった教師がその役割モデルになっているとの指摘が多い（有本 1976，伊藤・山崎 1986，武藤・松谷 1991 など）。一方，親が教師である場合にも，子どもの教職志望に影響を及ぼすことが十分に想定できる。確かに，教師の近親者には教職関係者が多いとされ（池田 1974，山野井 1979，松本・生駒 1984，木村ほか 2006 など），とりわけ一次的社会化を担う親が教師の場合，子どもの教職選択に何らかの作用をもたらすと思われる。この点について，ローティは職業選択とは親の影響によって形成された価値観の反映であるとまで指摘している（Lortie 1975, p.44）。しかし，予期的社会化の要因としての親＝教師に焦点をあて，詳細に検証した研究の蓄積はほとんどない。

　ただ，教員志望者の親が教師である比率については，その出身階層を検証した先行研究から把握できる。質問方法がそれぞれ異なるため厳密には比較できないが，まとめると次のことがいえる。まず，1970 年代前半までの教育学部

生調査・研究では，教師の父親（家計支持者）の職が農業と教師で大半を占めるが，そのうち教師の比率はおおよそ 20-25 ％を示している（田中 1960，池田 1974，溝口 1975）。しかし，70 年代後半以降の調査によると，教員養成学部生の父職＝農業の比率が低下すると同時に，教師の割合も 1 割台からそれ以下へと後退している（伊藤 1979，腰越　2001，木村ほか 2006 など）。つまり，減少傾向とはいえ，教員志望者の親が教師である比率には一定の水準があり，子の教職志望に関係している可能性がある。

　一方，心理学領域の先行研究では，親子間で教職の再生産が生じる要因として，親をモデルとする職業的同一視や親による教職期待の効果が指摘されている（田中・小川 1982）。また，「親の生き方を自然と身につける」というような「親模倣型」の教員志望者が存在するとされる（藤土 1984，p.40）。しかし，心理面はそうとしても，具体的にどのような社会的要因によって，親と同じ教師という職業選択へと方向づけられるかは不明である。すなわち，家族構成，親子関係といった養育環境などに特徴があり，それが教職の選択という社会化過程に関連があるかもしれない。

　よって，本章ではまず現代の教員志望者のうち，親が教師であるのはどの程度かを確認する。その上で，他の変数を統制した上でも，親＝教師という要因が子どもの教職志望に影響をもつのかを検証する。加えて，影響があるとすれば，具体的にどのような要因が，教師の親をもつ子どもの教職志望形成に関わっているのかを探る。この点については，かれらの家族，親子関係に着目する。以上により，本章では教師の予期的社会化要因として，これまで等閑視されてきた親＝教師の影響を明らかにしようと試みる。

1.2. 分析の対象

　本章が依拠するデータは，調査①の 18 大学調査（2006 年実施）である。分析対象として抽出するのは，希望職業が明確に決定しており，その上で同じ職業の人物が身近にいる場合は，その人物との関係について判明している者である。[1]

　抽出の結果，対象者の基本的属性は**表 2-1** のとおりであり，サンプル数は

表 2-1：分析対象者の基本的属性

| | 希望職業 | | | | |
	教職	専門技術	事務管理	販売労務	計
性別					
男性	137	137	70	12	356
女性	141	201	73	24	439
学年					
1 年	149	174	54	11	388
2 年	57	88	36	8	189
3 年	35	42	34	9	120
4 年以上	36	34	19	8	97
N.A.	1				1
学部					
教育学部	94	38	12	3	147
人文科学系	121	120	69	20	330
社会科学系	22	53	39	1	115
自然科学系	19	58	9	2	88
総合科学系	22	68	14	10	114
N.A.		1			1
計	278 (35.0%)	338 (42.5%)	143 (18.0%)	36 (4.5%)	795 (100.0%)

795 名である。このうち教員志望者は 35.0 %（278 名）となった。既述のとおり，明らかに大卒就職者の傾向からすれば高率であるが，教員志望者の特性の把握を主眼とする本分析には好都合でもある。

2.　分析結果

2.1.　教員志望に対する親＝教師の効果

①希望職業と親職との関連

　まず，希望する職業が親と同じである比率を，職業ごとに確認しておこう。なお，ここでいう親と同職とは，両親どちらかと同じ職業を希望することを指す。

　表 2-2 は希望職業と親の職業が同職か否かを集計し，検定を行った結果である。教員志望者は 17.3 %が親と同じ職業を希望している。これはいいかえると，

表 2-2：希望職業と親職との関係

	親と同職	親と異職	計
教職	48 (17.3%)	230 (82.7%)	278 (100.0%)
専門・技術	22 (6.5%)	316 (93.5%)	338 (100.0%)
事務・管理	13 (9.1%)	130 (90.9%)	143 (100.0%)
販売・労務	1 (2.8%)	35 (97.2%)	36 (100.0%)
計	84 (10.6%)	711 (89.4%)	795 (100.0%)

$\chi^2(3) = 21.73$, $p < .001$

教員志望者のうち 17.3 ％は親が教師であるということである。前述した先行研究でも親＝教師の比率は 1 割台を示すものが多く，大きな違いはない。一方，他職の希望者をみると，親と同じ職業を希望する者の比率はそれぞれ 10 ％に満たない。検定の結果でも有意差が生じており，親と同じ職業を希望する割合は，教員志望者が明らかに高いといえる。

②教員志望の規定要因としての親＝教師

　続いて，教員志望への関連が想定される諸変数で統制した上でも，親と同じ職業を希望することが，教師という職業選択に有意な影響をもつかを検討しよう。ここでは，教師を志望するか否かという 2 値変数を従属変数とした，ロジスティック回帰分析を実施する[2]。また，教員志望者との比較のために，それ以外の職業希望者についても，その職業の志望，非志望を従属変数として同様に分析している。

　さて独立変数には，親と同職希望のほかに，属性（性別，学年），社会階層（父母学歴，父母職[3]），学校歴（地元高校出身[4]，大学難易度），希望職決定契機（職業アドバイスの重視度，希望職決定時期），さらには将来意識（因子分析後の因子得点[5]）を設定した。

　分析の結果が表 2-3 である。まず，教員志望を規定する諸要因を確認しよう。親の学歴，職業という社会階層の変数の効果は，教員志望の場合，認められなかった。出身高校については，地元出身であることが教員志望の判別要因とし

表 2-3：希望職業の規定要因と親職（ロジスティック回帰分析）

		教職 b	専門・技術 b	事務・管理 b	販売・労務 b
属性					
性別	女性	0.43*	0.32[+]	-0.16	0.83*
学年	（共変量）	-0.13	-0.10	0.14	0.47*
社会階層					
父学歴 (1. 中卒-4. 大卒)	（共変量）	0.07	-0.11	0.09	0.04
母学歴 (1. 中卒-4. 大卒)	（共変量）	0.01	0.08	-0.14	-0.01
父職（参照：事務・管理）	専門・技術	-0.41	0.71*	-0.97**	0.30
	販売・労務	0.25	-0.12	0.00	-0.58
	その他	0.30	0.05	-0.55	-0.28
母職	母専業主婦	0.28	-0.11	0.03	-0.36
学校歴					
出身高校の地域性	地元高校出身	0.39*	-0.61***	0.13	0.92*
大学難易度	（共変量）	0.09***	-0.03*	-0.06***	-0.06*
希望職決定契機					
職業アドバイスの重要度	教師から	0.53***	-0.15	-0.34*	-0.38
（4 段階）	友人知人から	0.02	0.00	-0.16	0.54*
	家族親戚から	-0.24*	0.15	0.21	-0.64**
決定時期 (1. 小学-5. 大学)	（共変量）	-0.45***	-0.03	0.55***	0.29
将来意識（因子得点）					
地位達成	（共変量）	-0.53***	0.07	0.41**	0.57*
社会貢献	（共変量）	0.10	-0.06	0.14	-0.45[+]
家族重視	（共変量）	0.31*	-0.34**	-0.04	0.37
個性志向	（共変量）	-0.10	0.33**	-0.35*	-0.16
親職との関係	親と同職希望	1.26***	-1.10***	0.11	-1.27
（定数）		-5.30***	1.45[+]	0.45	-1.64
	$\chi^2(19)$	181.67***	67.84***	115.49***	57.95***
	Cox&Snell R^2	0.22	0.09	0.14	0.08
	Nagelkerke R^2	0.30	0.12	0.24	0.24
	n	743	743	743	743

[+]$p<.10$,　*$p<.05$,　**$p<.01$,　***$p<.001$

て有意である。教員養成学部生における地元出身者の多さは広く知られるが（溝口 1975，伊藤 1979，松本・生駒 1984 など），それと同様の結果といえる。「教職に就くなら地元で」という教師の地元志向の影響がうかがえる（第 5 章で詳しく検討）。また，希望職業を決める上で，誰のアドバイスを重視したかについては，学校の教師が規定因として効果が高い。教職志望には恩師の影響が強い

という一連の先行研究の成果と同じ傾向である（第4章で詳しく検討）。さらに，希望職業を決めた時期については，教職のみ有意な負の効果を示している。すなわち，早期の職業決定が教師には顕著ということであり，この点も従来から指摘されてきたとおりである（小島・篠原 1984，伊藤・山崎 1986，山﨑 2012 など）。なお，将来意識は，地位達成が負，家族重視が正の効果をもたらしており，これは前章と同様である。

　その上で，親と同じ職業への希望が教員志望の規定要因として認められるかに注目しよう。すると正の影響があり，係数の値も比較的に高い。一方，他の職業希望においては，親と同職希望は正の効果をもたらしておらず，専門・技術に限っては負の影響を示している。結局のところ，他の変数を統制しても，親と同職を希望する意識は，教師という職業選択の規定因として有意な効果を示しており，これは教職に特異な現象ということになる。

2.2. 再生産型教員志望者の家族構造と家族環境

①家族への着目

　このように，教員志望者は親と同じ職業を希望するという，職業的再生産の傾向の強いことが明らかになった。しかし，教職の再生産が生じるのは具体的にいかなる要因によるのだろうか。この点について山野井 (1979, p.121) は，教職関係者の家庭環境の中に，教職へ誘引するきわめて強い予期的社会化作用が存在していると指摘している。これに従い，かれらの家族に着目したい。

　さて，近藤 (1996) は家族の社会学的分析に際し，家族の変数として3つをとりあげている。具体的には，家族の出身階層に関わる「家族背景」(family background)，世帯の類型，家族の規模，きょうだい構成といった家族の外形的な特徴の「家族構造」(family structure)，家族の雰囲気，親子関係など家族生活に関わる「家族環境」(family environment) である。そこでまず，本分析では家族背景の変数である出身階層に関連して，親＝教師である教員志望者と，それ以外の職業の親をもつ志望者という2つのカテゴリを設定する。その上で，残りの家族構造，家族環境の変数との関係について検証する。以上から，親＝

教師である教員志望者，すなわち再生産型の教員志望者における家族関係の特質を明らかにしたい。

②再生産型教員志望者の家族構造

　家族構造として具体的に検討するのは，きょうだい数，長子，ひとりっ子という変数である。**表 2-4** は希望職業別に親職との関係とその家族構造を示した。なお，サンプル数の制約と比較のしやすさを考慮して，**表 2-1・2・3** でみられた教員志望以外の 3 つの希望職業カテゴリを，他職志望としてひとつにまとめている。

　さて，分析の結果，親と同職志望，すなわち親＝教師である教員志望者とそれ以外の間で，きょうだい数，ひとりっ子にそれぞれ有意差はない。しかし，特筆すべきは親＝教師である教員志望者のうち，72.9 ％が長子ということである。親が教師ではない志望者や他職志望者の長子の割合は 4-5 割程度でしかない。再生産型の教員志望者における家族構造の特質は，長子の比率が突出しているという点である。

表 2-4：親職との関係と家族構造

(a) 教員志望

	きょうだい数 ［平均値］	長子 ［実数］	ひとりっ子 ［実数］	［実数計］
親と同職希望	2.21	35 (72.9%)	5 (10.4%)	48 (100.0%)
親と異職希望	2.31	118 (51.3%)	27 (11.7%)	230 (100.0%)
全体	2.29	153 (55.0%)	31 (11.2%)	278 (100.0%)

きょうだい数：$t(276) = 0.87$, $p > .05$, 長子：$\chi^2(1) = 7.50$, $p < .01$, ひとりっ子：$\chi^2(1) = 0.07$, $p > .05$

(b) 他職志望

	きょうだい数 ［平均値］	長子 ［実数］	ひとりっ子 ［実数］	［実数計］
親と同職希望	2.08	14 (38.9%)	5 (13.9%)	36 (100.0%)
親と異職希望	2.37	255 (53.0%)	42 (8.7%)	481 (100.0%)
全体	2.34	269 (52.0%)	47 (9.1%)	517 (100.0%)

きょうだい数：$t(43.50) = 2.66$, $p < .05$, 長子：$\chi^2(1) = 2.68$, $p > .05$, ひとりっ子：$\chi^2(1) = 1.08$, $p > .05$

③再生産型教員志望者の家族との教育的・文化的経験

次に，家族環境に関する変数として，家族との教育的・文化的経験を確認し

表 2-5：親職との関係別にみる家族との教育的・文化的経験（%）

(a) 教員志望

(1) 親（保護者）が勉強を教えてくれた

	よくあった	たまにあった	ほとんどなかった	全くなかった	実数	平均値
親と同職希望	43.8	39.6	14.6	2.1	48	3.25
親と異職希望	27.8	40.0	23.9	8.3	230	2.87
計	30.6	39.9	22.3	7.2	278	2.94

平均値の差の検定：$t(276) = 2.65$，$p < .01$

(2) 家族と旅行に行った

	よくあった	たまにあった	ほとんどなかった	全くなかった	実数	平均値
親と同職希望	72.9	25.0	0.0	2.1	48	3.69
親と異職希望	60.0	33.0	4.8	2.2	230	3.51
計	62.2	31.7	4.0	2.2	278	3.54

平均値の差の検定：$t(76.61) = 1.85$，$p > .05$

(3) 家族と美術館・博物館・コンサートに行った

	よくあった	たまにあった	ほとんどなかった	全くなかった	実数	平均値
親と同職希望	29.2	45.8	20.8	4.2	48	3.00
親と異職希望	24.3	38.3	24.8	12.6	230	2.74
計	25.2	39.6	24.1	11.2	278	2.79

平均値の差の検定：$t(76.47) = 1.90$，$p > .05$

(b) 他職志望

(1) 親（保護者）が勉強を教えてくれた

	よくあった	たまにあった	ほとんどなかった	全くなかった	実数	平均値
親と同職希望	33.3	44.4	19.4	2.8	36	3.08
親と異職希望	28.8	42.7	20.2	8.3	480	2.92
計	29.1	42.8	20.2	7.9	516	2.93

平均値の差の検定：$t(514) = 1.06$，$p > .05$

(2) 家族と旅行に行った

	よくあった	たまにあった	ほとんどなかった	全くなかった	実数	平均値
親と同職希望	47.2	47.2	2.8	2.8	36	3.39
親と異職希望	50.2	36.7	11.0	2.1	480	3.35
計	50.0	37.4	10.5	2.1	516	3.35

平均値の差の検定：$t(514) = 0.30$，$p > .05$

(3) 家族と美術館・博物館・コンサートに行った

	よくあった	たまにあった	ほとんどなかった	全くなかった	実数	平均値
親と同職希望	33.3	33.3	27.8	5.6	36	2.94
親と異職希望	23.3	34.2	28.3	14.4	480	2.66
計	24.0	34.1	28.3	13.8	516	2.68

平均値の差の検定：$t(515) = 1.65$，$p > .05$

よう。**表 2-5** は中学生の頃までの教育的・文化的経験の頻度を示したものである。教師の親をもつ志望者が明らかに高いのは，「親（保護者）が勉強を教えてくれた」という学習経験である。4 段階評定における平均値の差の検定において，教師の親をもたない教員志望者との間に有意差がみられている。しかし，他の旅行，文化施設の項目や他職志望者における親職との関係間に有意差はない。つまり，再生産型の教員志望者における特徴として，親との学習経験が豊富であったと指摘できる。

④家族変数間の関連と交互作用の検証

このように家族構造と家族環境において，再生産型の教員志望者は長子の比率が高く，また親との学習経験が豊かであることが分かった。しかし，上記のクロス表では，例えば長子と学習経験の変数間に生じうる交互作用の影響を考慮できない。そこで，ログリニアモデルの分析を実施する。ログリニアモデルはセル度数の予測式をモデル化するもので，クロス表分析では把握が困難な 3 変数以上の連関や交互作用の構造を示すことに適している（廣瀬 2007，p.300・302）。この分析を加えることで家族変数間の交互作用を含めた関連の特徴を明確化できる。そして，教員志望者の家族関係の特徴を描き出すため，**表 2-4・5** と同様，希望職業ごとに分析し，親と同職志望，長子，親との学習経験[6]という変数がどのように関連しているかを確認していく[7]。

表 2-6 がログリニアモデル分析の結果である。モデルの選択には後進選択法を用いた。後進選択法は適合度が大きく自由度の小さなモデルから徐々に要因を減らして尤度比テストを繰り返し，適合度をそこなわない範囲で最も簡潔なモデルを選択する方法である（廣瀬 2007，p.314）。では，結果を具体的に見ていきたい。まず，(a) 教員志望の場合，自由度の小さいモデル H_1 を基線とし，H_2 から H_4 について適合度検定の上で尤度比テストを行う。すると，5 ％水準で H_3 と H_4 が棄却され，H_2 が採択される。次に，H_2 を基線とし，項を減らした H_6，H_7 で同じく尤度比テストを実施すると，いずれも 5 ％水準で棄却される。よって，最終的には条件付き独立モデル H_2 が採択されることになる。このモ

表 2-6：親と同職希望・長子・親との勉強経験におけるログリニアモデル分析

(a) 教員志望

モデル		適合度			モデル比較			
		G^2	df	p	基線	$\triangle G^2$	$\triangle df$	p
H_1	[AB][BC][AC]	0.244	1	0.621	—	—	—	—
H_2	[AB][AC]	0.808	2	0.668	H_1	0.564	1	0.453
H_3	[AB][BC]	4.640	2	0.098	H_1	4.396	1	0.036
H_4	[AC][BC]	7.421	2	0.024	H_1	7.177	1	0.007
H_5	[A][BC]	12.442	3	0.006				
H_6	[B][AC]	8.610	3	0.035	H_2	7.801	1	0.005
H_7	[C][AB]	5.829	3	0.120	H_2	5.021	1	0.025
H_8	[A][B][C]	13.631	4	0.009				

(b) 他職志望

モデル		適合度			モデル比較			
		G^2	df	p	基線	$\triangle G^2$	$\triangle df$	p
H_1	[AB][BC][AC]	0.760	1	0.383	—	—	—	—
H_2	[AB][AC]	0.899	2	0.638	H_1	0.138	1	0.710
H_3	[AB][BC]	1.493	2	0.474	H_1	0.733	1	0.392
H_4	[AC][BC]	3.532	2	0.171	H_1	2.772	1	0.096
H_5	[A][BC]	4.224	3	0.238				
H_6	[B][AC]	3.629	3	0.304	H_2	2.731	1	0.098
H_7	[C][AB]	1.591	3	0.662	H_2	0.692	1	0.406
H_8	[A][B][C]	4.321	4	0.364	H_7	2.731	1	0.098

A：親と同職希望　B：長子　C：親との勉強経験

デルは親職希望と長子，親職希望と親との学習経験との間にそれぞれ関連があるが，親職希望で統制すると，長子と，親との学習経験とが独立であることも示している。つまり，長子であるかにかかわらず親との学習経験が豊かな者が，また，学習経験の豊かさにかかわらず長子である者が，親と同じ教師を志望していることが分かる。一方，同様の分析により，(b) 他職希望の場合は交互作用項のないモデル H_8 の3変数独立モデルが採択される。このモデルは3変数が相互に独立であり，関連がないことを示している。以上の関連性を図示したのが**図 2-1** である。

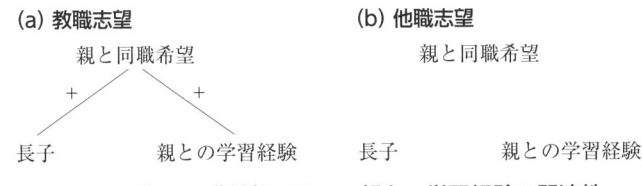

(a) 教職志望　　　　　　　　　　**(b) 他職志望**

図 2-1　親と同職希望・長子・親との学習経験の関連性

3.　ま と め

3.1.　予期的社会化要因としての親＝教師

　この章では教師における予期的社会化の要因として，親＝教師の影響を検証してきた。明らかになった点をまとめておきたい。

　分析の結果，教員志望者の親が教師である比率は 17.3 ％であり，他職と比べて親と同じ職業を希望する割合は有意に高かった。また，教員志望に関連する諸変数で統制しても，親と同じ職業を希望するという変数は，教員志望の規定因として大きな効果が認められた。他の希望職業には同様の効果がなく，この点は教員志望者の特徴であることが示された。

　また，再生産型の教員志望者は，家族構造においては長子が多いこと，家族環境では親との学習経験が豊富であったことが分かった。そして，長子であることと親との学習経験という 2 つの変数は，それぞれ独立に親職希望との関連が存在していた。

3.2.　親＝教師における「長子」「親との学習経験」の社会化過程

　以上，明らかになった長子の多さと親との学習経験の豊かさは，再生産型教員志望者における予期的社会化のあり方を暗示していると思われる。では，親と同じ教師を志望する者と，長子，親との学習経験の関連をいかに解釈すべきだろうか。

　長子については，親が教師か否かにかかわらず，教員志望者に多いことはすでに指摘されている（池田 1974，溝口 1975）。その理由の一つとして，出身地

の大学に入学，卒業して生家を継ぐといった，家制度と結びついた長子のキャリア・パターンが指摘されている。しかし1970年代の研究であり，解釈が現代において妥当性をもつかは疑問である。ただし，家産の継承によらずとも，長子が家に残るべきといった規範が現在でも教職に残存している可能性はある。例えば，家産を継承せずとも，高齢期の親のケアを意識して実質的にイエを継ぐという「現代的イエ意識」(羽渕 2016) が指摘されており，関連が示唆される[8]。また，ローティは教師の家庭に長子として育った者の経験的事例を挙げ，年下のきょうだいの面倒をみるという役割を担った長子に，将来の教師としてのラベリングが付与されることを示唆している (Lortie 1975, pp.45-46)。こうした長子の示範的役割効果が，親と同じ教師という職業選択に関連があることも十分に考えられる。いずれにせよ，この点の解釈については，さらなる検討が必要と思われる。

　また，親との学習経験が有意に高かった点については，次の可能性を指摘しておきたい。勉強を教え学ぶという相互行為は，学校の教師−生徒間において象徴的なコミュニケーションの形態である。この相互行為の過程には，知識の獲得のみならず，子どもが家庭において親の職業的役割を強く認識し，教師特有のハビトゥスや職業的エートスを暗黙のうちに身体化していく契機が含まれているのではなかろうか。

　本章のデータからは，教師の親をもつ教員志望者が，親からの意図的なアドバイスを職業の選択で重視した形跡は見られていない[9]。この点に関連して，宮澤 (1992, p.175) は親子間の影響について次のように指摘する。「日常の生き方を通して，たいていはそれと知らずに，子どもに影響を与える。子どもにとって親は，もの心つくずっと以前から『無意識の模倣』のモデルである」。教師の職業継承も無意識，無意図的に生じるケースが通例であると推測される。そして，親子間で勉強を教え学ぶといった日常的な相互行為に，教職の再生産を促す無意図的な予期的社会化のきっかけが潜んでいるように思われる。

〈注〉

1)　具体的には，調査票 Q46 における，将来就きたい職業を決めているか（選択式），それはどのような職業か（自由記述）という質問に加え，Q46SQ その職業と同じ者が身近にいるかどうか（選択式）と，その者とはどういう関係にあるか（自由記述）という質問に依拠した。また，職業カテゴリについては，JGSS（日本版総合的社会調査）の職業コードと分類を基に設定した。本書では，JGSS の職業分類における「専門」を「専門・技術」に名称変更し，「熟練」「半熟練」「非熟練」を結合して「労務」とした。そのうち，職業分類の「専門・技術」に属する教師を独立させて一つのカテゴリとしている。なお，サンプル群には希望職業が未定の者も多いが，本章では親の職業と自分の希望職業との関係を軸に分析を行うため，対象から外した。

2)　ただ，例えば「2 年次教職志向減退傾向」（今津 1978, p.20）のように，教員の志望度は学生生活において一貫しているわけではなく，時期などによって強弱がある。データの制約上，この点を考慮できないことは付言しておきたい。

3)　地元高校出身とは，出身高校と在籍している大学の都府県が同一であることを指す。

4)　大学難易度は代々木ゼミナール発行「2007 年度用入試ランキング表」（2006 年度実態ランキング）記載の偏差値を，大学の学部ごとに割りあてた。

5)　第 1 章の表 1-5 と同じく，9 つの将来意識に関わる質問（4 件法）に対して因子分析を行った。因子の順番は異なるものの，結果はほぼ同様であり，固有値の変遷から判断し，4 つの因子を抽出した。質問内容のまとまりから，各因子を「地位達成」「社会貢献」「家族重視」「個性志向」と命名している。詳細な分析結果は表 2-7 の通り。

6)　なお，分析上の問題から親との学習経験における 4 件法の変数は，「あった」「なかった」というように 2 値変数化した。理由は，度数が必ずしも大きくないので，2 値変数にしないとゼロのセルや度数の小さいセルが複数生じ，不安定な効果の推定や統計的推測の結果をもたらす危険が高まるためである（Agresti 訳書 2003, pp.264-270）。

7)　教員志望の場合，親と同職志望の変数は「親が教師」ということでもあり，家族変数との因果関係は双方向考えられる（例えば，「親との学習経験→親と同職志望」，「親が教師→親との学習経験」）。よってここでは，因果ではなく相関関係を想定した。

8)　ただ，将来意識の質問「両親やきょうだいを大切にすること」（表 2-7 参照）において，教職継承者の長子は有意に高い値を示さなかった。家制度の規範からすると，相続者としての長子の家族志向は高くてしかるべきだが，実際は仮説を支持していない。この点はさらなる検証を要する。

9)　親・親戚からの職業アドバイスをどの程度重視したかという質問項目において，親が教師の志望者とそれ以外では，平均値に有意差はみられなかった。

表 2-7：将来目標意識の因子分析 (n=788)

	第1因子 地位達成	第2因子 社会貢献	第3因子 家族重視	第4因子 個性志向
a. 高い地位につくこと	**0.83**	0.08	−0.09	−0.02
b. 高い収入を得ること	**0.69**	−0.05	0.07	−0.01
c. 世間的に評判のよい職業に就くこと	**0.59**	−0.02	0.05	0.06
d. 恵まれない人達を支援すること	−0.08	**0.71**	0.03	0.09
e. 社会の発展のために尽くすこと	0.07	**0.65**	0.01	−0.06
f. 幸せな家庭をもつこと	0.02	−0.04	**0.70**	−0.04
g. 両親やきょうだいを大切にすること	0.00	0.11	**0.65**	0.00
h. 自分の能力や性格に合う職業をみつけること	0.04	−0.09	0.08	**0.72**
i. 自分の興味や関心を追求すること	−0.01	0.12	−0.13	**0.49**
固有値	2.35	1.56	1.26	1.17
回転後の因子寄与	1.63	1.17	1.14	0.88

注：主因子法，Kaiser の正規化を伴うプロマックス法による。

因子相関行列

	第1因子	第2因子	第3因子	第4因子
第1因子	1.00			
第2因子	0.21	1.00		
第3因子	0.17	0.30	1.00	
第4因子	0.14	0.15	0.23	1.00

〈引用・参考文献〉

Agresti, Alan, 1996, *An Introduction to Categorical Data Analysis*, John Wiley & Sons. (= 2003, 渡邉裕之・菅波秀規・吉田光宏・角野修司・寒水孝司・松永信人訳『カテゴリカルデータ解析入門』サイエンティスト社).

有本章, 1976,「教職における予期的社会化」大阪教育大学教育学教室編『教育学論集』第5号, pp.83-93.

藤土圭三, 1984,「教育学部学生の教師志望動機について」『香川大学教育実践研究』第2号, pp.39-46.

羽渕一代, 2016,「現代的イエ意識と地方」川崎賢一・浅野智彦編著『〈若者〉の溶解』勁草書房, pp.85-109.

廣瀬毅士, 2007,「ログリニア分析」村瀬洋一・高田洋・廣瀬毅士編『SPSS による多変量解析』オーム社, pp.299-328.

池田秀男, 1974,「教員養成大学におけるプロフェッショナル・ソーシャライゼー

ションに関する調査研究（Ⅰ）」『広島大学教育学部紀要　第一部』第 23 号，
　　pp.125-136.

今津孝次郎，1978，「学生の内的側面からみた教師養成過程」『三重大学教育学部
　　研究紀要』第 29 巻第 4 号，pp.17-33.

伊藤敬，1979，「教育学部学生の職業的社会化に関する一考察」『静岡大学教育学
　　部研究報告　人文・社会科学篇』第 30 号，pp.99-119.

伊藤敬・山﨑準二，1986，「教職の予期的社会化に関する調査研究Ⅰ」『静岡大学
　　教育学部研究報告　人文・社会科学篇』第 37 号，pp.117-127.

木村育恵・中澤智惠・佐久間亜紀，2006，「国立教員養成系大学の学生像と教職
　　観」『東京学芸大学紀要　総合教育科学系』第 57 集，pp.403-414.

小島秀夫・篠原清夫，1985，「大学生の職業意識形成過程の研究」『茨城大学教育
　　学部紀要（教育科学）』第 34 号，pp.281-296.

近藤博之，1996，「地位達成と家族」『家族社会学研究』第 8 巻第 8 号，pp.19-31.

腰越滋，2001，「東京学芸大学学生の教職志望度に関する一考察」『東京学芸大学
　　紀要　第 1 部門　教育科学』第 52 集，pp.25-37.

Lortie, Dan C., 1975, *Schoolteacher: A Sociological Study*, The University of
　　Chicago Press.

松本良夫・生駒俊樹，1984，「『教員養成大学』学生の進路志望と教職観」『東京学
　　芸大学紀要　第 1 部門』第 35 集，pp.63-75.

宮澤康人，1992，「学校を糾弾する前に──大人と子どもの関係史の視点から」佐伯
　　胖・汐見稔幸・佐藤学編『学校の再生をめざして 1　学校を問う』東京大学出
　　版会，pp.161-195.

溝口謙三，1975，「大学の地域的機能」『山形大学紀要（教育科学）』第 6 巻第 2 号，
　　pp.91-119.

武藤孝典・松谷かおる，1991，「教職への職業的社会化に関する研究」『信州大学
　　教育学部紀要』第 73 号，pp.97-116.

田中賢，1960，「教職志望学生の教職並に自家の社会経済的地位についての評定」
　　『愛媛大学紀要　第 5 部　教育科学』第 7 巻第 1 号，pp.13-23.

田中宏二・小川一夫，1982，「教師職選択に及ぼす親の影響」『教育心理学研究』
　　第 30 巻第 3 号，pp.257-262.

山野井敦徳，1979，「教職系学生の職業的社会化に関する調査研究」『富山大学教
　　育学部紀要　A（文科系）』第 27 号，pp.117-126.

山﨑準二，2012，『教師の発達と力量形成』創風社。

第3章

教職の予期的社会化過程
としての学校経験

1. はじめに

1.1. 問題の所在

　第1・2章では社会階層や家庭の教育的・文化的背景，親が教師など，教職の予期的社会化過程のうち，家庭環境に注目して検討してきた。これに対し，本章は児童生徒時代の学校生活に焦点をあて，それが教職の社会化過程としていかなる影響をもたらしているのかを分析・考察する。

　そもそも一般的に，普通教育の学校に直接的な職業教育の効果はない。しかし，教職に関しては例外である。それは，十数年にも及ぶ長期間，将来の職業モデルである教師と，将来の職場となる教室を中心に生活していることを想起すれば理解できる。しかし，だれもが学校を経験するなかで，教師への道を選ぶのはごく一部でしかない。では，教職を志す者たちはそれにつながる特別な学校経験をもつのだろうか。

　多岐にわたる教師の予期的社会化研究では，社会階層へのアプローチと並び，主に大学，教職課程での教育効果や学生の意識に広く焦点づけられてきた。例えば，養成教育・指導体制への満足度（池田 1974，伊藤 1979，伊藤・山崎 1987など），教育実習の効果（伊藤 1979，加野 1984，紅林・川村 2001 など），教職意識・教職観（今津 1978，伊藤 1980，松本・生駒 1984，小島・篠原 2015 など），志向する教師像（山野井 1979，伊藤・山崎 1987 など）等である。その多くが「大学で教員養成に携わる研究者がよりよい教育プログラムの開発という実践的な課題のために」（耳塚ほか 1988，p.89）実施されたにせよ，フォーマルな養成教

育の時期を扱ったものといえる。

　しかし，教師への職業的社会化は大学での養成にてはじまるわけではない。それは職業への興味・関心が生まれる児童期から開始される継続的過程であり（今津 1985, p.168），少なくとも教職の選択は大学入学以前に生じる傾向が強いとされる（松本・生駒 1984, 小島・篠原 1985, 伊藤・山崎 1986 など）。つまり，意識形成のレベルでは予期的社会化は養成段階以前から生じているのである。では，教師教育以前に生起し，かつ教職に連結する具体的な事象が存在するのであろうか。

　この問いに関して，生徒としての学校での経験に着目する指摘がある。例えば，ローティは高校卒業までに無数の授業を受ける過程や，そこでの教師との対面的な相互作用を「観察による徒弟制」（Apprenticeship of Observation）とみなし，生徒としての学校経験は教職をめざす者にとって特別な職業的影響があるとした（Lortie 1975, p.61）。また，紅林（1997）も正統的周辺参加理論を援用しつつ，学校での学習過程が一部の生徒にとって予期的な教師役割の取得や教師アイデンティティの形成に寄与していると提起する。実際，教職における社会化のメカニズムを浮き彫りにする上で，過去の経験の影響は見過ごせないとする見解もある（Zeichner and Grant 1981, pp.307-308）。

　こうした理論的枠組から養成以前の学校経験に着目すると，わが国における実証研究では，志望形成に対する過去の教師の影響に言及するものは多い（武藤・松谷 1991, 山﨑 2012 など）。しかし，具体的な学校での生活や経験を検証したものは限られる[1]。そのなかで，紅林・川村（1999）は論考の一部で，教員志望の学生は大学以前の学校生活で教師との接触頻度が高いこと，学級委員等リーダーの役割を担っていた者が多いことの2点を指摘した。ただし，分析は職業志望変数（教職，非教職）と学校経験変数との2変量の関係を見いだす点に留まっている。つまり，教師との関係が密でリーダー的ポジションにつくのは学業成績の優れた生徒であるのが一般的だとし，学業成績や家庭環境による疑似相関の可能性がある点を課題としている（紅林・川村 1999, p.37）。確かに，学校への適応や学業達成は親の社会階層，家庭の文化資本等に依存することが

広く知られる (Bourdieu et Passeron 訳書 1991, Willis 訳書 1996 など)。また，学校での経験が教師の社会化にいかに結びつくのかについて，現職教師の過去の学校経験を検証した川村 (2003) の研究がある。より積極的に学校に適応していた者が教員文化の中核的な担い手になる点を指摘したが，教師にならない者との比較を行ったものではないため，そもそも学校経験がいかに教職へつながるのかという問題は残ったままである。[2]

　以上から，本章では親の社会階層，学業成績など諸要因の影響を統制した上で，他職と比較しつつ，教員志望者の具体的な学校経験の特性を明らかにする。さらに，その学校経験にいかなる教職への予期的社会化作用が潜んでいるのかを検証・考察する。生徒としての学校経験は教職志望形成の核となり (Lortie 1975, p.79)，フォーマルな養成教育よりも社会化効果の強い可能性が指摘されている (Mardle and Walker 1980, Zeichner and Grant 1981)。確かに，他の専門職に比べて教員養成の場合はさほど特別な専門教育が与えられるわけではなく，職業準備としてはかなり不完全な性格をもっているとされてきた (今津 1985, pp.170-171)。事実，教師教育では「養成と現場との落差」(陣内 1987, p.307) が常に課題とされ，「教員養成と現職教育の連続的統合性」(今津 1996, p.83) が久しく問われ続けてきた経緯もある。つまり，そうした養成教育の不完全さによって，当人の教育経験に基づく教育観，教職観が入職にいたるまでそのまま前景化されている可能性がある。その例証として，日本の新任教師は子ども時代の学校経験で形成された教育観を強く内面化しており，教師になって以降のそれとの連続性が相当程度存在すると指摘されている (Shimahara and Sakai 1995, p.191)。

　このように，過去の教育的経験は入職以降の教育観，さらには教育実践の方向を水路づける可能性があり，本章によって予期的社会化の新たな側面を明らかにできるとともに，教師教育に資する示唆を得ることが期待できる。

1.2. 分析の対象

　本章では調査② (2010 年実施) の質問紙調査 (11 大学対象) と面接調査 (A 大学

表3-1：分析対象者の基本的属性（質問紙調査）

	希望職業					
	教職	保育職	専門技術	事務管理	販売労務	計
性別						
男性	406	30	105	84	46	671
女性	305	129	101	64	22	621
N.A.			1			1
学年						
1年	388	92	101	45	22	648
2年	245	43	53	49	13	403
3年	48	19	34	27	20	148
4年以上	28	3	19	25	12	87
N.A.	2	2		2	1	7
学部						
教育学部	417	45	53	23	8	546
人文科学系	87		57	37	35	216
社会科学系	32	22	46	41	8	149
自然科学系	77		37	14	4	132
総合科学系	98	91	14	33	13	249
N.A.		1				1
計	711 (55.0%)	159 (12.3%)	207 (16.0%)	148 (11.4%)	68 (5.3%)	1,293 (100.0%)

対象) のデータを分析の対象とした。

　まず質問紙調査であるが，サンプルを希望職業に応じて分類・整理すると，本章での分析対象者は1,293名となった (**表3-1**)[3]。このうち教員志望は711名 (内訳：小学校志望320名，中学校志望153名，高校志望238名) である。ただし，文系が多い，1・2年生の割合が高いという偏りがあり，さらに，教職に関する調査の目的上，大卒の就職傾向からすると教員志望者の比率が突出している。

　また，調査②の面接調査のデータもあわせて用いた。対象人数は16名 (学年：1年4名，2年7名，3年3名，4年2名，希望学校種：小学校6名，中学校7名，高校3名) で，いずれも教員志望の意思が明確な学生である。

　2つの調査の基本的関係は，質問紙調査によって教員志望者の過去の学校経験における集合的な特性を検証し，インタビュー調査でその特徴的な経験に潜む教職への社会化につながる過程をミクロな側面から描き出すことにある。

2. 分析結果Ⅰ（質問紙調査）

2.1. 学校経験変数の概要

　最初に，質問紙調査における過去の学校経験に関する変数について確認したい。表3-2の15の質問内容は，学校での具体的な経験の頻度と意味づけをたずねたものである[4]。質問文は「小学校から高校までのあなたの学校生活についておききします」と前置きした上で，a～jについては，「学校生活のなかで

表 3-2：学校経験（小学校～高校）の希望職業別平均値と分散分析

	教職	保育職	専門技術	事務管理	販売労務	F値
①学校生活のなかで次のことはどの程度ありましたか。						
a. 児童会，生徒会の会長・役員など，学校のリーダー的な役割についた	**2.82**	2.46	2.60	2.49	2.43	7.72***
b. 学級委員など，クラスのまとめ役になった	**2.82**	2.35	2.56	2.51	2.21	12.03***
c. 班長など，班のまとめ役になった	**3.12**	2.81	2.84	2.77	2.57	12.63***
d. 授業中，自分から手を挙げて発言した	**2.74**	2.43	2.57	2.61	2.27	7.27***
e. 先生と勉強以外のプライベートな話をした	3.01	**3.05**	2.82	2.73	2.57	6.98***
f. 勉強で分からないところを先生に質問した	**3.03**	2.95	2.93	2.72	2.82	4.06**
g. 先生にほめられた	**3.14**	3.03	3.04	3.03	2.93	2.46*
h. 頭髪，服装，所持品検査で生活指導を受けた	1.78	**1.89**	1.72	1.80	1.85	0.69
i. 授業中に友達とおしゃべりをした	3.04	**3.15**	2.96	3.07	3.09	1.17
j. 宿題をやらなかった	2.55	2.65	2.55	**2.71**	2.61	1.04
②次のことはどの程度あてはまりますか。						
k. 学校のクラブや部活動に積極的に参加した	**3.57**	3.46	3.41	3.38	3.44	3.02*
l. 学校に行くのが楽しかった	**3.43**	3.31	3.24	3.24	3.37	3.86**
m. 学校の授業を受けるのが好きだった	2.47	2.25	**2.48**	2.37	2.38	2.59*
n. 先生には必ずあいさつをした	**3.46**	3.24	3.36	3.38	3.31	3.55**
o. 先生と話をするのが好きだった	**2.96**	2.84	2.76	2.71	2.85	3.69**

*$p<.05$, **$p<.01$, ***$p<.001$
注：平均値がとり得る範囲は1～4で，太字は希望職業のなかでの最大値。

次のことはどの程度ありましたか」と行動の頻度をたずねた（「よくあった」「た
まにあった」「あまりなかった」「まったくなかった」の4件法）。また，k～oは
行動に伴う意味づけを含む質問で，「次のことはどの程度あてはまりますか」
ときいている（「あてはまる」「ややあてはまる」「あまりあてはまらない」「あては
まらない」の4件）。**表3-2**では質問に対する希望職業ごとの平均値と一元配
置分散分析の結果を示した。

　確認すると，10項目で教員志望者は他職と比べて高い平均値を示している[5]。
かれらが最大値でないのは5項目であるが，そのうち3つ（「h. 生活指導」「i. 授
業中のおしゃべり」「j. 宿題をやらない」）は学校の規範に反する行為である。そ
れ以外の質問はおおむね学校で評価される態度，意識といってよい。したがっ
て，全般的に教員志望者は他職志望者よりも学校的価値に順応した経験，意味
づけをしていたとみなすことができる。

2.2.　学校経験変数の因子分析

　続いて，15項目の質問に対して因子分析を実施し，変数を集約することと
した。結果が**表3-3**である。固有値の変遷から4因子構造が妥当と判断した。
因子の解釈について，第1因子は学級委員等のリーダーの経験と授業内での自
発的発言の質問から構成されており，「示範的役割」と称することとした。第
2因子は教師との距離が近く積極的に関与したことが判断できる質問群から成
るため，「教師親密性」とした。また，第3因子は学校生活全般の肯定，活動
への主体的な参加といった内容の質問群であり，「肯定的参加」とみなした。
最後に，第4因子の質問は授業内の私語，被生活指導の経験等で構成されるた
め，「反学校文化」とした。

2.3.　教職志望の判別要因としての学校経験

　これまで，学校経験の変数を整理してきたが，最初の問いに戻りたい。すな
わち，親の社会階層，家庭の文化資本といった家族関係，さらに学業成績の影
響を考慮に入れた上で，他の職業志望者と明確に区別される教員志望者の特徴

表 3-3：学校経験の因子分析（n=1268）

	第1因子 示範的 役割	第2因子 教師 親密性	第3因子 肯定的 参加	第4因子 反学校 文化
b. 学級委員など，クラスのまとめ役になった	**0.89**	-0.07	0.02	-0.01
c. 班長など，班のまとめ役になった	**0.76**	0.01	0.04	0.03
a. 児童会，生徒会の会長・役員など，学校 　のリーダー的な役割についた	**0.74**	0.02	0.01	0.02
d. 授業中，自分から手を挙げて発言した	**0.48**	0.19	-0.01	-0.08
e. 先生と勉強以外のプライベートな話をした	0.00	**0.83**	-0.18	0.20
o. 先生と話をするのが好きだった	-0.08	**0.77**	0.14	0.00
f. 勉強で分からないところを先生に質問した	0.03	**0.66**	-0.09	-0.07
g. 先生にほめられた	0.18	**0.48**	0.00	-0.01
n. 先生には必ずあいさつをした	0.00	**0.43**	0.18	-0.04
l. 学校に行くのが楽しかった	-0.02	-0.03	**0.80**	0.10
k. 学校のクラブや部活動に積極的に参加した	0.13	-0.08	**0.52**	0.06
m. 学校の授業を受けるのが好きだった	-0.04	0.24	**0.34**	-0.33
i. 授業中に友達とおしゃべりをした	-0.02	0.07	0.19	**0.65**
j. 宿題をやらなかった	-0.05	-0.03	0.03	**0.60**
h. 頭髪,服装,所持品検査で生活指導を受けた	0.06	0.06	-0.05	**0.49**
固有値	4.27	1.80	1.68	1.15
回転後の因子寄与	2.85	3.11	2.26	1.24

注：一般化された最小2乗法，Kaiser の正規化を伴うプロマックス回転による。

因子相関行列

	第1因子	第2因子	第3因子	第4因子
第1因子	1.00			
第2因子	0.41	1.00		
第3因子	0.36	0.57	1.00	
第4因子	-0.06	-0.13	-0.18	1.00

的な学校経験は何かということである。

　この点を検証するために用いる手法はロジスティック回帰分析である。分析の目的は，従属変数として教職志望と他職志望という2つのカテゴリを2値変数として用い，親の社会階層，過去の学業成績をはじめ，大学入学以前の来歴

に関する変数によって統制した上で，有意な学校経験の効果をみることにある。具体的に投入する独立変数は，まず**表3-3**で得られた4つの学校経験因子得点である。学校に関わる変数としては，過去の学業成績（中3時，「上の方」「やや上の方」「真ん中くらい」「やや下のほう」「下のほう」の5件法），さらに部活動の所属（中学時に1年間以上の所属あり：ダミー変数）を設定した。また，家族に関わる変数は，出生順位（長子：ダミー変数），きょうだい数，社会階層（父職，母職），職業継承（希望職業が父職もしくは母職と同じ：ダミー変数），家庭での教育・文化的経験（家庭教育経験の主成分得点[6]）である。さらに，性別，学年，希望職業決定時期を独立変数に加えた。そして，比較のため他の4つの職業志望者についても，その職業を志望するか否かを従属変数として同様に分析を実施した。

　結果が**表3-4**である。最初に統制変数をみると，教員志望者に学業成績の判別効果はなかった[7]。一方，家族関係の変数では社会階層自体に効果はないが，職業継承（親と同職希望）に正の影響が生じている。これは教職における職業継承を検証した第2章の結果と矛盾しない。また家庭での教育・文化的経験は負の効果を示した。第1章の結果にそぐわない結果ともいえるが，第1章の分析（**表1-7**）とは異なり，学校経験の独立変数が投入されるなどがあり，単純な比較はできない。この点の解釈は今後検討が必要である。

　その上で学校経験について確認すると，教職の場合，示範的役割が有意な正の係数を示している（0.35）。他職についてはすべて係数が負となっている。また，教師親密性も教職のみがプラスであり（0.18），同様の傾向であるが，有意性に難がある（10％水準）。一方，肯定的参加，反学校文化の効果はみられなかった。

　上記の結果から，学業成績，社会階層等の影響を考慮しても，学校でのリーダー，まとめ役といった役割の経験が教員志望者の判別要因として顕著であったと指摘できる。すなわち，教員志望者にはリーダー的ポジションを経験している者が多いという紅林・川村（1999）の指摘は，他の影響を統制しても同様の結果となった。またもう一つの指摘，過去の教師との密な関係という点も，本分析でその傾向はみられたが，その判別効果はリーダーの経験に比べて確実なものとならなかった。

表 3-4：希望職業の判別要因としての学校経験（ロジスティック回帰分析）

		教職 b	保育職 b	専門技術 b	事務管理 b	販売労務 b
学校経験（因子得点）						
示範的役割	（共変量）	0.35***	-0.29*	-0.08	-0.09	-0.62***
教師親密性	（共変量）	0.18+	-0.05	-0.12	-0.13	-0.04
肯定的参加	（共変量）	0.04	0.02	-0.18	-0.05	0.36
反学校文化	（共変量）	-0.07	0.35**	-0.20+	0.07	0.03
学業成績						
中学3年時（5段階）	（共変量）	-0.02	-0.39***	0.10	0.21*	0.14
部活動の所属						
中学時	所属あり	0.56*	-0.26	-0.39	-0.46	0.08
出生順位	長子	0.07	-0.22	-0.07	0.00	0.19
きょうだい数	（共変量）	0.22**	0.12	-0.28*	-0.06	-0.29
社会階層						
父職	専門・技術	-0.09	-0.09	0.62*	-0.58+	-0.07
（参照カテゴリ：販売・労務）	事務・管理	-0.04	-0.11	0.02	0.52*	-0.54+
	その他	0.11	-0.29	0.40	0.19	-1.60*
母職	専業主婦	0.15	0.07	-0.23	-0.27	0.22
職業継承	親と同職希望	0.62**	-1.24**	-1.64***	0.86**	0.02
家庭での教育・文化的経験	（共変量）	-0.21**	0.08	0.36***	0.00	-0.16
（主成分得点）						
性別	女性	-0.52***	1.79***	-0.10	-0.01	-0.54+
学年（1.1年-4.4年以上）	（共変量）	-0.02+	0.00	-0.03	0.02*	0.02+
希望職業決定時期	（共変量）	-0.20*	-0.72***	0.10	0.75***	0.93***
（1.〜小, 2.中, 3.高, 4.大）						
（定数）		0.18	0.20	-1.47**	-4.73***	-5.70***
	$\chi^2(17)$	114.25***	188.00***	68.75***	90.83***	74.15***
	Cox&Snell R^2	0.09	0.14	0.06	0.07	0.06
	Nagelkerke R^2	0.12	0.27	0.10	0.14	0.18
	n	1212	1212	1212	1212	1212

+$p<.10$, *$p<.05$, **$p<.01$, ***$p<.001$

2.4. 希望学校段階ごとの判別要因としての学校経験

　しかし，かれらの学校経験について，どの学校段階の教員を志望するかによって違いがみられる可能性がある。そのため，希望の学種に応じて過去の学校経験の判別要因が異なるかを検証することとした。ここでの分析は**表3-4**に準ずるが，従属変数が希望職業としての小学校教員，中学校教員，高校教員，

他職（＝参照カテゴリ）の 4 群となるため，多項ロジスティック回帰分析を実施することとした。

結果が**表 3-5** である。従属変数として教職全体をカテゴリとした**表 3-4** では，学業成績の効果はなかったが，本分析の教職（小学校）では有意な負の係数（-0.19）を示している。一方，教職（高校）では有意水準 10 ％ではあるものの，

表 3-5：校種別教職の判別要因としての学校経験（多項ロジスティック回帰分析）

		教職 （小学校） b	教職 （中学校） b	教職 （高校） b
学校経験（因子得点）				
示範的役割	（共変量）	0.33^{***}	0.38^{**}	0.35^{**}
教師親密性	（共変量）	0.22^{+}	0.23	0.12
肯定的参加	（共変量）	-0.05	0.08	0.16
反学校文化	（共変量）	0.03	-0.13	-0.15
学業成績				
中学 3 年時（5 段階）	（共変量）	-0.19^{**}	0.15	0.13^{+}
部活動の所属				
中学時	所属あり	1.08^{**}	1.36^{*}	-0.18
出生順位	長子	0.33^{*}	-0.14	-0.12
きょうだい数	（共変量）	0.32^{**}	0.33^{**}	0.02
社会階層				
父職	専門・技術	-0.29	-0.05	0.18
（参照カテゴリ：販売・労務）	事務・管理	-0.20	0.08	0.15
	その他	0.04	-0.53	0.46
母職	専業主婦	0.05	0.23	0.20
職業継承	親と同職希望	0.63^{*}	0.59^{+}	0.59^{*}
家庭での教育・文化的経験	（共変量）	-0.24^{**}	-0.29^{**}	-0.13
（主成分得点）				
性別	女性	0.02	-0.84^{***}	-1.06^{***}
学年（1.1 年-4.4 年以上）	（共変量）	-0.03	-0.02	-0.01
希望職業決定時期	（共変量）	-0.23^{**}	-0.39^{***}	-0.04
（1.〜小，2.中，3.高，4.大）				
（定数）		-0.85	-2.28^{**}	-0.82
	$\chi^2(17)$		235.68^{***}	
	Cox&Snell R²		0.18	
	Nagelkerke R²		0.19	
	n		1212	

$^{+}p<.10,$　$^{*}p<.05,$　$^{**}p<.01,$　$^{***}p<.001$

正の効果 (0.13) が認められた。また，教職全体で有意なマイナスの効果があった家庭での教育・文化的経験は，教職（高校）のみそれが消えている。

　そして，学校経験の変数を確認すると，やはり示範的役割がいずれの学校種の教員志望者においても正の有意な効果（小：0.33，中：0.38，高：0.35）を示している。教師親密性は小学校（教職）のみにおいて，**表 3-4** と同じく 10 ％有意水準で正の係数 (0.22) となっている。

　有意性は十分とはいえないが，小学校志望では教師親密性，高校志望では学業成績が正の効果（小学校では有意水準 1 ％で負）を示したことは次を想起させる。酒井・島原 (1991) によれば，学校段階に応じて学習指導は，小学校教師が子どもとの緊密さを，分業度が高い高校教師は教科指導の専門性を重視する。つまり，本分析の結果は教師と関わりが密だった者が小学校教員に，学業成績の優れていた者が専門性の高い高校教員へと，過去の学校経験と学校段階ごとの指導観との関連を示唆するものとなっている。ただ，いずれの学校段階を志望するにせよ，学校経験としての示範的役割，すなわちリーダーの経験が教職志望の判別要因として顕著であることに違いはなかったのである。

3.　分析結果Ⅱ（面接調査）

3.1.　リーダーの経験と予期的社会化との関連

　では，学校でのリーダーの経験がいかに教師への社会化と結びつくのだろうか。これまでの量的分析からその詳細を考察することは難しい。この点を，教員志望者に対する過去の教育経験に関する面接調査の結果から迫ることとしたい。

　インタビューの結果，対象者 16 名のうち 14 名が学級委員，児童会・生徒会の長，部活動の長のいずれかを一度は経験していた。このリーダーに伴う経験は多種多様で担当教員，学校段階によっても異なり，一元的な集約は難しい。ただ，教師や生徒との関わりという観点から，多くが経験する次の事象に注目すべきと考える（以下，A ～ F：調査対象者，I：インタビュアー＝筆者，日付はインタビュー実施日）。

Ａ：授業中に出ていっちゃう子を追いかけて行ったりとか，あとわからない子に勉強教えたりとかは先生から「やって」って言われてやってました……。

　丸つけをするときに1人が前に出て，ドリルがあるんですけど，答えを読んで「答え2でいいですか」って聞くのをずっとやらされてましたね。　　　　　　　　　　（Ａ：女性・1年・教育学部・小学校希望・2010/11/3）

Ｉ：どのあたりが大変なの？（中学校の）部長って。

Ｂ：何か先生との関わりとかが多かったし，顧問の先生のところに行って，その日の練習のメニューを聞いたりとか。あとそれをうまく伝達して，先生のいないときでもちゃんと練習をやらせとかなきゃいけないのに，やっぱりどうしても何かたるんでいるときとかあるじゃないですか。そういうときに限って先生が現れ，集中攻撃。「お前は何やってんだよ。お前の責任だろう」という風に言われて。

　　　　　（Ｂ：女性・3年・人文科学系学部・中学校志望・2010/10/21）

　かれらは教室での学習指導や，集団の秩序維持を必要とする際，教師から指導的な役割を託されるケースが多い。つまり，リーダーに教師役割が一部委任され，それに基づいてかれらは指導的にふるまうことになる。確かに，学級集団の指導で教師は指導的な影響力をもつ子どもを発見し，学級集団の公的なリーダーに引き上げることを重視するという（原田 2010，p.74）。とすれば，学業が苦手で落ち着かない子どもへの対応，集団規律の維持の場面などで，リーダーに教師役割を委任することは，教師にとって秩序形成のためのストラテジーといえる。

　そして役割遂行の過程で，先のＡは「友だちとかに教えているうちに，教えるの楽しいなと思い始めた」と教職適性の自覚が芽生えている。また，別のＣはクラスでの生活に関して「学級委員やってるとやっぱり問題点ばっかり見ちゃうところもある」（Ｃ：男性・2年・自然科学系・中学校志望・2010/9/27）と

語っている。すなわち，集団としての学級を鳥瞰する視野，教師側の視点が内面化されていたと思われる。このように，学校でのリーダー役割遂行の過程には教職への志向性を高める契機が含まれており，この点に潜在的な社会化の作用を認めることができよう。

3.2.　リーダーの経験における社会化の限界

しかし，かれらの指導的なふるまいに関して，次のような葛藤も生じうる。

D：体験学習とか，修学旅行とか嫌いでした。

Ｉ：ああ，そう。

D：学校にいる分には先生が注意してくれたりとかあるじゃないですか。でも宿泊って先生の見えない部分多くないですか。そうすると，何か言っちゃったりとかして反感買うんですよね……。

Ｉ：ああ，先生がそう言ったと。

D：「え？ダメって決めたじゃない」とか言っちゃうんですよね。言わなきゃいいのに。隠しておけないんですよね。先生に言わなきゃいいや，とかそういうのができないんですね。だから行くたびに，何か嫌な思いをして帰ってきてましたね。

（D：女性・1年・教育学部・小学校志望・2010/11/17）

　Dは「自分の目線が先生と一緒みたいな感じだった」と当時の自己を語るが，このように教師的な視点の内面化が進み，教師不在の場面等で忠実に指導の役割を演じると，他の生徒と衝突する可能性が高くなる。例えば，反学校文化の生徒には教師への告げ口を相互に抑制するといった，その行動を暗黙のうちに規定する「生徒コード」，すなわち生徒固有の自律的な集団ルールがあるという（稲垣 1989）。そうした生徒集団のなかで，教師役割をそのまま演じれば「反感」を買うことになりかねない。それはかれらが教師に近い立場とはいえ教師そのものではなく，その指導的ふるまいが教師の制度的な権威（Waller 訳書

1957) に裏付けられていないことによるだろう。したがって，そうした場面で
求められるのは指導的な態度ではなく，衝突を回避しつつ意思を伝達できるよ
うな，同年代間での巧みな立ちふるまいといった性格のものかもしれない。
　また次の事例は，役割に伴う行為の意味づけについて課題を示唆している。

　B：(部活の後輩が) よく砂いじりとか平気でやってて，結構私が怒ったりとか，
　　　あと集団で同じ学年の子みんなで注意したりとかしたんですが，途中か
　　　ら「もういいんじゃない？」，練習も別で「あいつら，いいよ，もう勝
　　　手にやらせとけよ」みたいになったんですけど……。先生は，やっぱり
　　　そういうときあんまり出てこないんですけど，なぜか。でも，全部その
　　　責任を言われるのは私だからと思って，「どうにかしなきゃまずいから
　　　みんなで話し合おうよ」みたいになって。

　このように，リーダーによる他の生徒への指導的な働きかけは，教師からの
責任追及の回避という意図に基づいてなされている可能性もある。教師の指導
が理念的には子どもの成長といった教育的価値に依拠するものであるとすれば，
かれらの指導的ふるまいは教師のそれとは意味づけが大きく異なることになる。

3.3. リーダーと学校文化との関係

　しかしそもそも，なぜかれらが学校内でリーダーの位置を占めることになっ
たのだろうか[8]。もちろん，かれらが公的なリーダーとして選抜されるのは，学
級集団で一定以上の成績 (部活動ではその領域での能力や技術) を得ていたこと
も関係しているだろう。ただし，それは必要条件であっても十分条件ではない
と思われる。とくに教師役割の強い内面化がみられた先ほどのDは，学校の
ほとんどの期間に立候補して学級委員を務めたが，学校生活全般を次のように
語っている。「楽しかった。学校楽しい，多分それもありますけど，何か行か
ないことが考えられない。……皆勤賞とかずっとですもん」。こうした姿勢は
学校生活自体が自己に深く浸透している証左であり，学校文化への同化を示す

ものと考えられる。[9]　その傾向は強弱こそあれ，他のインタビュー対象者の語り，本章の量的調査の結果（**表3-2**），紅林・川村（1999）からも確認できる。

　この性向はまた，かれらの教師との関わり方からも窺い知ることができる。

　C：職員室に行くと，中にはフランクにしゃべれる先生が何人かいると。そ
　　　ういう人としゃべるときは本当にフランクに，……あんまりいいのか悪
　　　いのかわからないんですけど。あとそういうのに厳しい先生がもちろん
　　　なかにはいて，ちゃんと使えと。何となく普段の接し方でわかるんです
　　　よね。適当じゃないですけど，そういうところに甘い人と厳しい人とい
　　　うのが感覚としてもともと，何かわかるので，そういう人にはちゃんと
　　　接します……。

　E：先生と生徒で仲良くなりすぎるというのがあまり良く思ってなくて，そ
　　　れで仲良くなりすぎて上下関係であったり，そういう尊敬とか，そうい
　　　う気持ちがなくなったような関わり方をするのは失礼だなと思ってて。
　　　　　　　　　　　（E：女性・2年・教育学部・小学校志望・2010/10/29）

　ウィリス（Willis 訳書 1996, p.163）によれば，理念的な教師－生徒間の交換関係は，教師が知識を与え，生徒が尊敬を示すことで成立するという。前者（C）が比較的教師と打ち解けて親密な関係を築いていた一方，後者（E）は教師とやや距離を置いていた対照的なタイプである。しかし，理念的な教師－生徒関係の枠組を逸脱しない関係を感覚的に保とうとしていた点では一致している。

　すなわち，学校文化への同化，それに伴う理念的な教師への関係性を示す者に，またそれゆえに公的なリーダーとして教師役割が託されていると思われる。従来，学校文化に適合してきた者が教職の道を選択すると指摘されてきたが（Bourdieu et Passeron 訳書 1991, 紅林 1997），リーダーの経験は学校文化の中核と教職選択をつなぐ媒介項として機能しているとみることができる。さらにそうしたハビトゥスをもつかれらが教職に就くことで，学校文化の再生産に寄

与することも予想される。

4. まとめ

4.1. 学校経験の予期的社会化作用

　本章では，家族関係，学業成績の効果を統制したうえでも，学校でのリーダーの経験が教職志望の判別要因として影響の強いことが示された。それはどの学校段階を志望するかにかかわらず，同様の結果であった。そしてリーダーには，教師役割が委任されることで秩序維持のための指導的なふるまいが求められており，その過程に教職適性の自覚，教師的な視点の獲得など教職志向を高める契機が見いだされた。ただし，そのふるまい方や動機づけの側面において，この段階における社会化の限界も示された。また，かれらに教師役割の委任を可能にするのは，学校文化に同化した性向が関係している点を指摘した。

4.2. 「観察による徒弟制」としての学校経験

　本章で得られた知見を「観察による徒弟制」の観点から考察しておきたい。ローティは「観察による徒弟制」として学校経験による教師の予期的社会化過程を提起したが，それは単なる観察に留まらず，紅林・川村 (1999) もいうようにリーダーの役割を介して教師と同型の態度・行為をも伴うものであった。しかし，「観察による徒弟制」の限界は，教育行為の目標設定，事前の準備や事後の分析に関わらない生徒が，その過程を教育実践的な枠組で把握できない点にあるという (Lortie 1975, p.62)。確かに，生徒は教師の評価構造を学校生活における教師との相互行為過程で学習している (紅林 1997)。しかし，評価や指導の背後にある教師の実践的なパースペクティブまで読みとるのはいささか困難であると思われる。それはかれらが教師に近い特権的位置にあるとしても，生徒というカテゴリの域を出ないためである。よって，学校経験を通じた社会化効果は教職への志向性を高めはしても，将来の有効な教育実践に結びつく教師のパースペクティブの生成にまで寄与するものではない。

　また,「観察による徒弟制」に起因する別の問題として,教員志望の学生が将来の生徒を想定する際,そのモデルを自分自身に据えて一般化する傾向があり,多様な教育的背景をもつ生徒の存在が無視されがちであるとされる (Grossman 1990, Knowles and Holt-Reynolds 1991)。学校文化の中核に位置しリーダーを担っていたかれらは,入職後全く異質な背景をもつ生徒に指導的な立場で直面することになる。また宮澤 (2011, p.28) によれば,徒弟制における年長者の権威の根拠はその職業的連続性にあるという。教職との連続性を伴うかれらが教師の権威を認める理由の一つはそれとしても,連続性のない大多数の生徒に対して教師の権威への承認は期待しにくい。こうした学校文化のなかで自らが占めていた位置と将来指導することになる生徒のそれとの乖離は,新任教員のリアリティ・ショックの温床となる可能性がある。

　最後に,教師教育への示唆を付言しておきたい。先に指摘したように,わが国の教師教育では養成と研修の非連続性が久しく課題とされてきたが,養成以前の過程と養成段階との関連についてはほとんど問われることがなかった。ただし,「観察による徒弟制」論の一つの含意はそれが養成段階の教育効果を損なう点にある。つまり,「観察による徒弟制」の経験で得られた知見は分析的に精査されることなく (Labaree 2000),その経験に基づいて教師の教育行為や生徒理解に関する独自のパースペクティブを形づくる (Feiman-Nemser and Buchmann 1985)。そして,その枠組から逸脱するような大学で学ぶ教育学的内容を自発的に排除してしまう可能性があるという (Feiman-Nemser 2001, Trotman and Kerr 2001)。

　日本の新任教師は過去の教育経験で形成された教育観と入職後のそれとの関連性が強いという指摘 (Shimahara and Sakai 1995) は,養成教育がその教育観,教職観を一変させる効果を持ちえていないとも解釈できる。学校経験を通じて得られた教育観をいかに受け止め,養成段階で修得すべき教育内容に効果的につなげていくか。教師教育の一つの方向性として,学校経験と養成教育の接続について今後着目すべきと思われる。この点については,本書第6章以降にてさらに深く追究したい。

〈注〉
1) 本文に挙げたもの以外に，児童生徒時代の友人関係・学級経験・ジェンダーに関わる経験を検証した近年の研究として寺町（2020）がある。
2) 海外の研究では，教員と教員志望者の場合，小学校時代の学校経験が非常に適応的（well-adjusted overachievers）であり，それに基づくかれらの学校観は中産階層のそれに近いという指摘がある（Lindblad and Prieto 1992）。
3) 職業志望は「Q25. あなたは将来つきたい職業を決めていますか」で「決めている」（選択式）と回答した者に対しての下位質問「SQ1. あなたが最も希望する職業は次のどれに当たりますか」（選択式）の回答からカテゴリ化した。職業カテゴリは，JGSS（日本版総合的社会調査）の職業コードと分類を基にしている。そのうち，職業分類の「専門・技術」に属する「教職」を独立させた。また，教育学部を中心に実施したことでサンプル数が多くなった「保育職」も単独のカテゴリを設けた。ただし，分析に際しては職業志望が定まっていない者を除いた。また，表3-1に示した職業カテゴリのどれにもあてはまらない職業も分析から外した。
4) 学校経験の質問文は，紅林・川村（1999）を主に参考にし，必要と思われる経験の項目を付け加えて作成した。
5) 教職が最大値を示した10項目のうち，分散分析における多重比較の結果，a〜cについては他職すべてとの間で有意差があった（5％水準）。
6) 家庭教育経験については，「あなたが生まれてから中学生ぐらいの頃までに，次のようなことはどのぐらいありましたか」という形でたずねている（回答は「よくあった」「たまにあった」「ほとんどなかった」「全くなかった」の4件法）。5つの質問項目に対して主成分分析を実施した結果，寄与率47.71％の第1主成分（「家庭での教育・文化的経験」）が抽出された（表3-6）。

表3-6：家庭教育経験の主成分分析（n=1283）

	第1主成分 家庭での教育・文化的経験
家族と美術館・博物館に行った	0.79
親が本を読んでくれた	0.71
家族と旅行に行った	0.66
親が勉強を教えてくれた	0.66
家でクラシック音楽を聞いた	0.61
寄与率	47.71

7) サンプルは大学生に限られており，同年代全体に対象が広がれば，教員志望者に学業成績の効果が表れるかもしれない。また，とくに過去の学業成績は現在の大学の難易度に強く依存すると思われ，サンプリングに限界がある集合調査ではその効果の判断には注意を要する。
8) リーダーの選抜過程は学校や教師の方針によってさまざまである。ただ，イ

ンタビューからは①自らの立候補（→選挙），②教師からの指名・推薦，③周囲の生徒からの推薦（→選挙）の 3 つに大別された。とはいえ，どのタイプが最も多いかの量的把握については，調査対象者がリーダーを複数回経験している場合が多く，その選抜過程を逐一記憶していないため困難であった。

9）　D とは逆に，生徒からの推薦という自発的ではない形で複数回学級委員を経験した F であっても，よく推薦された理由について，学校文化に対する順応的な姿勢を挙げている。「成績はまあ，まずまずですね。ふざけることがあんまり少なかった，悪ふざけみたいなのが少なかったかな。結構真面目な人としてとらえられてたというか」（F：男性・2 年・人文科学系学部・中学校志望・2010/11/4）。

〈引用・参考文献〉

Bourdieu, Pierre et Jean-Claude Passeron, 1970, *La Reproduction*, Éditions de Minuit. (= 1991, 宮島喬訳『再生産〔教育・社会・文化〕』藤原書店).

Feiman-Nemser, Sharon, 2001, "From Preparation to Practice", *Teachers College Record*, vol.103, no.6, pp.1013-1055.

Feiman-Nemser, Sharon, and Margret Buchman, 1985, "Pitfalls of Experience in Teacher Preparation", *Teachers College Record*, vol.87, no.1, pp.53-65.

Grossman, Pamela L., 1990, *The Making of a Teacher*, Teachers College Press.

原田彰，2010，「級長制・学級委員制・班長制」『児童心理』第 64 巻第 12 号，pp.70-75.

池田秀男，1974，「教員養成大学におけるプロフェッショナル・ソーシャライゼーションに関する調査研究（Ⅰ）」『広島大学教育学部紀要　第一部』第 23 号，pp.125-136.

今津孝次郎，1978，「学生の内的側面からみた教師養成過程」『三重大学教育学部研究紀要』第 29 巻第 4 号，pp.17-33.

今津孝次郎，1985，「教師の職業的社会化」柴野昌山編『教育社会学を学ぶ人のために』世界思想社，pp.166-182.

今津孝次郎，1996，「岐路に立つ教師教育」『教育学研究』第 63 集第 3 号，pp.294-302.

稲垣恭子，1989，「教師－生徒の相互行為と教室秩序の構成」『教育社会学研究』第 45 集，pp.123-135.

伊藤敬，1979，「教育学部学生の職業的社会化に関する一考察」『静岡大学教育学部研究報告　人文・社会科学篇』第 30 号，pp.99-119.

伊藤敬，1980，「教育学部学生の教職志向性の展開過程」『静岡大学教育学部研究報告　人文・社会科学篇』第 31 号，pp.115-128.

伊藤敬・山崎準二，1986，「教職の予期的社会化に関する調査研究Ⅰ」『静岡大学

教育学部研究報告　人文・社会科学篇』第 37 号, pp.117-127.

伊藤敬・山崎準二, 1987,「教職の予期的社会化に関する調査研究Ⅱ」『静岡大学教育学部研究報告　人文・社会科学篇』第 38 号, pp.117-140.

陣内靖彦, 1987,「教員キャリアの形成における教員養成と教員研修」『教育学研究』第 54 巻第 3 号, pp.300-309.

加野芳正, 1984,「教職能力の形成過程に関する調査研究」『香川大学教育実践研究』第 2 号, pp.29-37.

川村光, 2003,「教師における予期的社会化の役割」『日本教師教育学会年報』第 12 号, pp.80-90.

Knowles, Gary J., and Diane Holt-Reynolds, 1991, "Shaping Pedagogies through Personal Histories in Preservice Teacher Education", *Teachers College Record*, vol.93, no.1, pp.87-113.

小島秀夫・篠原清夫, 1985,「大学生の職業意識形成過程の研究」『茨城大学教育学部紀要 (教育科学)』第 34 号, pp.281-296.

小島秀夫・篠原清夫, 2015,「教師の職業的社会化過程の研究」『茨城大学教育学部紀要 (教育科学)』第 64 号, pp.309-324.

紅林伸幸 ,1997,「正統的周辺参加理論の教育社会学的一展開」『滋賀大学教育学部紀要　Ⅰ：教育科学』第 47 号 , pp.37-52.

紅林伸幸・川村光, 1999,「大学生の教職志望と教師化に関する調査研究 (1)」『滋賀大学教育学部紀要　Ⅰ：教育科学』第 49 号, pp.23-38.

紅林伸幸・川村光, 2001「教育実習への縦断的アプローチ」『滋賀大学教育学部紀要Ⅰ　教育科学』第 51 号, pp.77-92.

Labaree, David F., 2000, "On the Nature of Teaching and Teacher Education", *Journal of Teacher Education*, vol.51, no.3, pp.228-233.

Lindblad, Sverker and Héctor Pérez Prieto,1992, "School Experiences and Teacher Socialization", *Teaching and Teacher Education*, vol.8, Issue.5-6, pp.465-470.

Lortie, Dan C., 1975, *Schoolteacher: A Sociological Study*, The University of Chicago Press.

Mardle, George and Micheal Walker, 1980, "Strategies and Structure: Some Critical Notes on Teacher Socialization", Peter Woods ed., *Teacher Strategies*, Croom Helm, pp.98-124.

松本良夫・生駒俊樹, 1984,「『教員養成大学』学生の進路志望と教職観」『東京学芸大学紀要　第 1 部門　教育科学』第 35 集, pp.63-75.

耳塚寛明・油布佐和子・酒井朗, 1988,「教師への社会学的アプローチ」『教育社会学研究』第 43 集, pp.84-120.

宮澤康人, 2011,『〈教育関係〉の歴史人類学』学文社。

武藤孝典・松谷かおる, 1991,「教職への職業的社会化に関する研究」『信州大学

教育学部紀要』第 73 号，pp.97-116.

酒井朗・島原宣男，1991，「学習指導方法の習得過程に関する研究」『教育社会学研究』第 49 集，pp.135-153.

Shimahara, Nobuo K. and Akira Sakai, 1995, *Learning to Teach in Two Cultures: Japan and the United States*, Garland.

寺町晋哉，2020，「教職を目指す学生の学校経験―友人関係，学級の経験，ジェンダー化された認識に着目して―」『宮崎公立大学人文学部紀要』第 27 巻第 1 号，pp.77-101.

Trotman, Janina and Trevor Kerr, 2001, "Making the Personal Professional", *Teachers and Teaching*, vol.7, no.2, pp.157-171.

Waller, Willard, 1932, *The Sociology of Teaching*, John Wiley and Sons.（＝ 1957，石山脩平・橋爪貞雄訳『学校集団：その構造と指導の生態』明治図書出版）.

Willis, Paul E., 1977, *Learning to Labour*, Saxon House.（＝ 1996，熊沢誠・山田潤訳『ハマータウンの野郎ども』筑摩書房）.

山野井敦徳，1979，「教職系学生の職業的社会化に関する調査研究」『富山大学教育学部紀要　A（文科系）』第 27 号，pp.117-126.

山﨑準二，2012，『教師の発達と力量形成』創風社。

Zeichner, Kenneth M. and Carl A. Grant, 1981, "Biography and Social Structure in the Socialization of Student Teachers", *Journal of Education for Teaching*, vol.7, no.3, pp.298-314.

第4章
教職選択における
重要な他者としての教師

1. はじめに

1.1. 問題の所在

　教職の志望形成には自らが学んだ恩師の影響が大きいとされる。少なくとも十数年の学校生活の間に数多くの教師に接する以上，かれらの影響を全く受けずに教職を選択する者はほとんどいないと思われる。本章では教職選択における重要な他者としての教師の影響を検討する。

　教師への準備は大学の養成段階からではなく，それ以前の学校生活からはじまるのであり，それは前章でみたとおりである。とくに，ローティが指摘した「観察による徒弟制」の理論的枠組によれば，長期間の学校生活において教師と直接触れる経験は，教員を志望する者に特別な職業的影響を及ぼす（Lortie 1975，p.61）。実際，教職選択の理由として，自分が学んだ恩師の影響が幾度も指摘されてきた（有本 1976，伊藤 1980，伊藤・山崎 1986，1989，小島・篠原 1985，武藤・松谷 1991，木村ほか 2006，山﨑 2012 など）。なかには反面教師の影響も検討されたが，それは限定的であり（伊藤 1980，木村ほか 2006），あくまでもポジティブな影響を与えた教師の存在が動機となっている。こうした重要な他者（significant other）としての教師による社会化効果を，有本（1976，p.87）は「モデリング効果」と称している。しかし，多くの先行研究はその影響を強調するのみで具体的な論及がみられない。

　そこで本章では2つの問いを設定し，教職選択における教師の影響を予期的社会化過程に位置づけて考察していく。ひとつは，だれが教師の強い影響を受

けて教職を選択しているのかという点である。伊藤・山崎 (1986) は，教職志望に際し，教師から影響を受けた具体的な事柄について検証しているが，その際に次のように述べている。「感銘を受けた教師の存在が直ちに教職選択 (大学受験までの) の上で決定的な意味をもつのではなくて，その間に教師にたいする態度などの先有傾向をはじめ媒介的要因が働いている」(伊藤・山崎 1986, p.123)。確かに，教師に感銘を受けた者すべてが教職を選択するわけではない。では，その影響を受けて自らも教職を選択するにいたるのは，どのような背景をもつ者なのか。おそらく，学校生活での態度，教師との関わり方などの先有傾向において何らかの特徴をもつ者が，教師の人間性や教育的行為に感応し，教職を志望するのではと想定される。したがって本章では，教師による強い影響で教職を選択した者の，学校経験をはじめとする先有傾向の特質を明らかにし，予期的社会化のメカニズム解明の一助としたい。

　次に，2つ目の問いとして，教師の強い影響で教職を志望する者たちは，いかなる職業的パースペクティブをもつのかを検証したい。先述の伊藤・山崎 (1986) では教師の影響が大きい場合，教職志望が早く，かつ教職を強く志望していると指摘している。しかし，重要な他者としての教師の影響と，それによって教師を志望する者たちが抱く教職観との関係について，具体的な検証はほとんどない。本章では伊藤・山崎 (1986) の指摘を再検証するとともに，とくにかれらの教職観に焦点をあてる。予期的社会化の文脈でこれを扱う理由は，教職を志望する者にとって，「教師がどのような存在か，どうあるべきか」といった教職観は，将来の自己を規定するパースペクティブでもあるはずだからである。また，重要な他者の影響とそれによる職業観との関係を分析することは，教職の予期的社会化研究で十分に言及されなかった，社会化の具体的効果を明らかにすることにつながるだろう。

　以上より，本章では教師に強い影響を受けた教職志望者における，大学以前の経験の特徴を検証する。その上で，かれらの志望形成や教職観の特質を検討する。

1.2. 分析の対象

　本章は調査② 11 大学対象の質問紙調査 (2010 年実施) のデータを分析対象とした。その際，本章では教員志望学生に分析を焦点化するため，教職以外を志望する者，希望職業が未確定の者をサンプルから除外した。その結果，抽出されたサンプル数は教員志望者のみの 711 名となった。基本的属性は**表 4-1** のとおりである。

表 4-1：分析対象者の基本的属性

	教職志望			
	小学校	中学校	高校	計
性別				
男性	146	97	163	406
女性	174	56	75	305
学年				
1 年	231	48	109	388
2 年	69	85	91	245
3 年	16	13	19	48
4 年以上	3	7	18	28
N.A.	1		1	2
学部				
教育学部	228	78	111	417
人文科学系	8	38	41	87
社会科学系	2	8	22	32
自然科学系	12	20	45	77
総合科学系	70	9	19	98
計	320 (45.0%)	153 (21.5%)	238 (33.5%)	711 (100.0%)

2.　分析結果

2.1. 教職選択における教師の影響

　まず，教職の志望形成において，教師による影響はどの程度あったのか，他の身近な人物のそれと比較しながら見ていきたい。調査票では希望職業をたずねた上で，「その希望職業を選択した際，次にあげる人たちの影響はどの程度

表 4-2：教職選択における人物の影響（%）

	とても あった	やや あった	あまり なかった	まったく なかった	（実数）
小・中・高の教師	59.9	27.1	8.9	4.1	（708）
大学教員	3.3	14.8	40.6	41.3	（704）
父親	9.5	11.9	32.0	46.7	（707）
母親	10.6	17.9	28.8	42.7	（708）
きょうだい	3.8	10.5	30.6	55.1	（706）
祖父母	3.5	7.4	31.3	57.8	（706）
その他親戚	3.7	8.2	29.6	58.6	（707）
友人	6.1	18.8	29.8	45.3	（707）

あったと思いますか」という質問において，教師を含む身近な人物の影響の強弱を 4 件法にて回答を求めている。表 4-2 は教職選択におけるそれらの人物の影響を集計したものである。

　確認すると，小学校から高校までの教師は「とてもあった」が 59.9 %，「ややあった」が 27.1 %となり，あわせて 8 割以上が教師から何らかの影響を受けていることになる。他の人物で比較的高いのは父親，母親，友人であるが，それらの「とてもあった」の比率は 1 割からそれ以下であり，「ややあった」を加えても 3 割を超えない。教師の影響に比べるときわめて限定的である。

　先行研究では教職選択に伴う人物の影響について，ベテラン教師では親の影響が比較的大きいが，若年教師では小学校から高校までの教師のそれが最も強い傾向が明らかになっている（山﨑 2012，pp.94-95）。本章のサンプルでも若年教師と同様の結果となっている。現代では親族よりも，自らが学んだ教師が教職選択にきわめて大きな影響をもたらしているといえるだろう[1]。

2.2. 教師の影響を受けた教員志望者の学校経験

　すでに論じたように，出会った教師に強い影響を受けて教職を志向する者は，何らかの先有傾向をもつ可能性が想定される。例えば，学校経験で一定の特徴を有する者が，教師の人間性，教育的行為に感銘しやすいと考えられる。さら

に，学校的変数は社会階層や文化資本にある程度依存するといわれる（例えば，Bourdieu et Passeron 訳書 1991）。よってここでは，教職選択における過去の教師（小・中・高）からの影響の程度を従属変数とし，社会階層や文化的経験，学校経験を独立変数とした重回帰分析を実施する。これにより，教師の影響を強く受けて教職を志望した者が，いかなる背景や経験を有するのか，その特徴を明らかにしたい。

　分析に先立って変数の詳細を確認しておこう。まず，従属変数は教職選択における教師の影響（4段階評定）とする。一方，独立変数には社会階層として親の職業（父職，母職）を設定し，加えて社会階層との関連が想定される家庭での教育・文化的経験の頻度も同じく用いた。これは具体的には，中学生までにおける「親が勉強を教えてくれた」「親が本を読んでくれた」「家族と旅行に行った」「家族と美術館・博物館に行った」（回答は「よくあった」「たまにあった」「ほとんどなかった」「全くなかった」の4件法）という4項目の質問に対する回答の合計値を用いている[2]。また，学校経験については，学校生活での経験に関する複数の質問（経験頻度，4件法）に対して探索的因子分析を実施し，変数を集約した[3]。分析の結果，「示範的役割」（学級委員などリーダー的な役割の経験），「教師親密性」（教師との関係が親密であったことが示唆される経験），「反学校文化」（学校文化に対して逸脱的な態度），「規範的態度」（学校文化に順応的な態度）の4因子が抽出され，各因子を構成する質問群の合計得点を独立変数として用いた。さらに，学業成績（中学3年次の学年の位置についての自己評価，「上の方」「やや上の方」「真ん中くらい」「やや下の方」「下の方」の5件法），部活動の所属（中学時，「体育系」「文化系」「所属なし」の3カテゴリ）についても独立変数に加えた。

　重回帰分析の結果が表4-3となる。まず，女性のダミー変数が負の有意な値を示しており，教師の影響は男性に比べて女性は弱いことになる。続いて社会階層では，父親が教師の場合，また母職が教師の場合は10％有意水準ではあるが，教わった教師の影響が小さくなる。つまり，親職が教師であると，教職選択において学校の教師の影響は抑制されるということである。これは第2章でみたように，親が教師の場合，子どもの教職選択に大きな影響を及ぼすため，

表 4-3：教師の影響を規定する学校経験 (重回帰分析)

		b	β	
性別	女性	-0.17	-0.10	**
親職業				
父職	教職	-0.28	-0.11	*
(参照カテゴリ：販売・労務)	専門・技術	-0.32	-0.10	**
	事務・管理	-0.09	-0.05	
	その他	0.09	0.03	
母職	教職	-0.22	-0.08	+
家庭での教育・文化的経験				
(4 項目の合計値)	(共変量)	0.02	0.06	
学校経験				
示範的役割	(共変量)	0.00	0.00	
教師親密性	(共変量)	0.25	0.27	***
反学校文化	(共変量)	-0.10	-0.10	*
規範的態度	(共変量)	0.00	0.01	
学業成績				
中学 3 年時 (5 段階)	(共変量)	0.03	0.05	
部活動の所属				
中学時	体育系	0.32	0.16	*
(参照カテゴリ；所属なし)	文化系	0.37	0.17	*
(定数)		2.97		
F 値		7.70***		
Adjusted R^2		0.12		
n		677		

$^+p<.10, \ ^*p<.05, \ ^{**}p<.01, \ ^{***}p<.001$

学校で教わった教師の効果が相対的に弱められたことが理由と推測される。その他の社会階層の変数では，父職が専門・技術の場合，参照カテゴリである販売・労務に対して，教師の影響は弱くなる。高い社会階層においてそれが弱まるのは，教職選択を忌避する文化が醸成されている可能性も考えられる。

　そして，学校経験の変数では，教師親密性の得点が正の有意な効果をもっている。標準偏回帰係数の値が最も高く，影響の大きい変数である。この変数は「先生と勉強以外のプライベートな話をした」「勉強で分からないところを先生に質問した」など，授業外でもインフォーマルに教師と頻繁に接触していた行動群から構成されている。つまり，教師との心理的距離が近く，価値観や人間性など教師の内面にまで触れる機会が多かったと想像され，それらが教職選択

につながったと考えられる。

　また，体育系，文化系であろうと部活動への所属が有意な正の効果をもたらしていた。社会集団として部活動は高い統合性と強い凝集性が特徴とされる（白石 1986, p.753）。この集団に教師が積極的に関与し，生徒との間で明確な目標（例えば競技会やコンクール）が共有されるような場合，教師－生徒関係が濃密になる可能性が考えられ，この点が影響したのかもしれない。一方，学業成績の効果はみられなかった。学校的な成功としての成績のよさと，そうした生徒に対する教師の期待効果が，教職選択に関連があるとも予想されたものの，有意ではなかった。

2.3.　教師の影響を受けた教員志望者の志望形成

　これまで，教師の強い影響を受けて教職を選択する者の特徴について分析してきた。続いて，そうした教員志望者の教職観の特質を明らかにし，教わった教師の影響がもたらす社会化の具体的な様相を検証しよう。

　まずは，教師の影響を強く受けた教員志望者の志望形成を見ていきたい。具体的には，教職選択時期と教職の志望度を検証したい。なお，ここからは**表4-2** で示した教職選択において，教師（小・中・高）の影響が「とてもあった」と答えた者を「全面的影響群」，それ以外の者を「限定的影響群」として，2つのカテゴリを設定する。これにより，教師の影響を強く受けた者とそうでない者の違いを検討する。

　はじめに，教師の影響と教職選択時期の関係を確認しよう。**表4-4** は2つの教師の影響群と教職選択時期の関連をみたクロス集計である。全面的影響群は，約半数が中学校までに教職をすでに選択していることが分かる（「小学校まで」

表 4-4：教職選択における教師の影響と教職選択時期（%）

	～小学校	中学校	高校	大学	（実数）
全面的影響群	14.6	36.3	45.5	3.5	（424）
限定的影響群	8.8	21.8	53.2	16.2	（284）

$\chi^2(3) = 50.08$, $p < .001$

表 4-5：教職選択における教師の影響と教職志望度 (%)

	ぜひ つきたい	できれば つきたい	それほど こだわらない	(実数)
全面的影響群	76.6	22.5	0.9	(423)
限定的影響群	58.5	35.2	6.3	(284)

$\chi^2(2) = 33.97$, $p < .001$

14.6 %，「中学校」36.3 %）。一方，限定的影響群は高校以降，とりわけ大学入学後に志望しはじめる者の比率（16.2 %）が比較的に高い。やはり全面的影響群の志望形成は早期であるといえる。

　続いて，教職志望度との関係である。**表4-5** は教師の影響群と教職志望度の関連をみたクロス集計である。全面的被影響群における「ぜひつきたい」の割合は 76.6 % となっている一方，限定的影響群は 6 割弱である（58.5 %）。教員志望における教師の影響は，教員志望の程度を高める効果があると考えられる。

　このように，教師から全面的に影響を受けた志望者は職業選択が早期であり，かつ志望度も高いことが分かる。これは伊藤・山崎（1986）と同様の結果であり，この傾向は引き続き維持されているといえる。もともと，教職の志望形成が早期であるのは，適切な職業モデルとの同一化（identification）が原因という指摘がある（Lortie 1975, p.42）。本結果はそれを裏付けるものといえるだろう。

2.4. 教師の影響を受けた教員志望者の教職観

　では，教師の影響を強く受けた教員志望者は，いかなる教職観を有しているのかを検討しよう。まず，教職観に関わる 8 つの質問（「そう思う」「ややそう思う」「あまりそう思わない」「そう思わない」の 4 件法）に対して探索的因子分析を行った（**表4-6**）。その結果，得られた因子の固有値の変遷から，3 因子構造が妥当であると判断した。各因子は質問群の意味的なまとまりと因子負荷を考慮し，それぞれ「教師の資質能力」（教師に求められる高い人格，知識・技術，使命感），「教師の社会的地位」（教職の経済的恩恵，高い社会的評価），「教師の教育的影響」（子どもに対する教師の強い影響力）と称した。

表 4-6：教職観の因子分析 (n=696)

	第 1 因子 教師の 資質能力	第 2 因子 教師の 社会的地位	第 3 因子 教師の 教育的影響
教師は高い人格をもっていなければならない	0.62	0.02	-0.04
教師には高度な専門的知識や技術が要求される	0.57	0.06	-0.04
教師は使命感がなければつとまらない	0.51	-0.02	0.07
教師は経済的に恵まれている	0.00	0.79	0.03
教師の社会的評価は高い	0.05	0.46	0.04
教師の人格によって子どもは大きく感化される	0.07	-0.17	0.64
子どもの学力は教師の力量によるところが大きい	-0.04	0.13	0.49
教師は学習指導のみならず，子どもの生活領域 にも全面的に関わるべきだ	-0.04	0.13	0.45
固有値	2.23	1.32	1.09
回転後の因子寄与	1.32	1.02	1.14

注：重みなし最小二乗法，Kaiser の正規化を伴うプロマックス回転による。

因子相関行列

	第 1 因子	第 2 因子	第 3 因子
第 1 因子	1.00		
第 2 因子	0.30	1.00	
第 3 因子	0.51	0.08	1.00

　さて，この 3 つの教職観は教職選択に伴う教師の影響によって，違いがあるのだろうか。ここでは次の作業を行った。上の各因子を構成する質問群の回答を合計し，それを質問数で除したものを個人がもつ教職観の得点（値の範囲：1～4）とする。それらを 2 つの教師被影響群ごとに平均値を算出し検定を行った（表 4-7）。

　その結果，「教師の資質能力」「教師の教育的影響」では全面的影響群が有意に高い値を示している。一方，「教師の社会的地位」は差がない。つまり，教師の強い影響で教職を志向した者は，次の特徴を有しているといえる。教師は人格や専門性に優れるとともに，使命感をもつべきという考えが強い。そして，子どもの成長は教師の力量に強く依存するため，教師は子どもの生活全般に関

表 4-7：教職選択における教師の影響と教職観

(1) 教師の資質能力

	平均値	標準偏差	(実数)
全面的影響群	3.19	0.56	(417)
限定的影響群	3.05	0.58	(276)

$t(691) = 3.21, \ p < .01$

(2) 教師の社会的地位

	平均値	標準偏差	(実数)
全面的影響群	2.39	0.66	(419)
限定的影響群	2.32	0.67	(279)

$t(696) = 1.23, \ p > .05$

(3) 教師の教育的影響

	平均値	標準偏差	(実数)
全面的影響群	3.14	0.51	(420)
限定的影響群	2.97	0.53	(280)

$t(698) = 4.34, \ p < .001$

わるべきという意識が高い。ここから，教職選択における教師の強い影響は，教師の資質能力を高く評価し，教師の子どもに対する影響は大であるという教職観の形成を促していると推測できる。

3. まとめ

3.1. 学んだ教師の予期的社会化作用

　本章では，いかなる者が教師の強い影響を受けて教職を志望するのか，そしてその社会化の効果として，かれらの志望形成と教職観の特徴について分析した。

　まず，教職選択において教師の影響が「とてもあった」と答えた者の割合は6割程度おり，他の身近な人物と比べて明らかに高かった。教職の志望形成における教師の役割の大きさが改めて確認された。また，教師の影響を強く受けて教職を選択した者は，大学以前の学校生活において教師への親密な態度が特

徴であった。そうした背景をもつ教職選択者は，志望形成時期が早く，また教員志望の動機づけも高いことが再確認された。さらに，かれらが抱く教職観の特徴として，教師は人格・専門性に優れ，かつ使命感を強くもつべきである，また子どもに強い影響力をもつため，生活領域全般にわたり子どもに関与すべきである，という考えの強いことが明らかになった。

3.2.　準拠的個人としての教師

　本章は教職選択における教師の影響を検証したが，最後に，当人にとってそうした教師たちがどのような存在であったのか，改めて確認しておきたい。調査では「これまで身近に接してきた人のなかで，その考え方や価値観，行動に感銘をうけ，あなたの人生の指針となった」人物を具体的にたずねている。そこで，先に見た教師の2つの被影響群と人生の指針になった人物との関連をみた（表4-8)[4]。

表4-8：教職選択における教師の影響と人生の指針となった人物（SA, %)

	親	親以外の親族	小中高の教師	大学の教師	友人	その他	いない	（実数)
全面的影響群	12.6	2.1	66.2	1.0	3.6	2.8	11.8	（390)
限定的影響群	14.5	3.7	25.7	2.2	5.9	5.6	42.4	（269)

$\chi^2(6) = 85.97$, $p < .001$

　全面的な影響群においては66.2 %と，相当の割合で学校にて出会った教師を人生の指針となった人物ととらえている。おそらくその教師とは，教職志望のきっかけとなった教師と同じであろう。マートンは，一部の役割のみならず，価値観や態度など全面的な影響を与えた者を準拠的個人（reference individual）と称している（Merton 訳書 1961, p.276)。多くの者にとって教職選択に影響を与えた恩師は，単なる職業的な役割モデルではなく，価値の内面化を促すような準拠的個人である。

　また，こうした教師と教員志望者の間で形成されていたのは，ウォーラーの

いう人間的指導（personal leadership）に擬した関係と思われる。人間的指導では，指導者の権威が社会制度によって裏付けられる制度的指導（institutional leadership）とは異なり，権威は能力や人格など指導者そのものに付随する。教師に影響をうけて教職を選択した者は，先にみたように教師とインフォーマルな形でもつながっており，親密性が媒介していた。そもそも人間的指導とは，前近代の師弟関係や徒弟制に広くみられた関係性であって，教育の近代化・制度化に伴い，そうした関係は希薄化し，制度的指導の関係が前景化するのが一般的である（Waller 訳書 1957）。確かに，自らが学んだ教師と同じ職業を選択したという意味で，教員志望者と過去に学んだ教師との間には職業的な連続性があり，擬制的な徒弟関係にある。こうした人間的指導の関係では被指導者はその権威にふさわしい形にあてはめられるという（同上，p.243）。すなわち，教師のもつ価値観や行動様式に対する同化が生じやすい。そして，子どもへの教育的影響を強く意識するというかれらに特徴的な教職観は，自らの教師との親密な関係，人間的指導の関係と無関係ではないはずである。こうした教職観は，子どもに対していかに関わるべきかという，教育実践の方向づけにもつながるであろう。さらにいえば，準拠的個人である恩師の価値観を内面化し，恩師の教育的行為を自らの実践の参照枠とすることで，教員文化の再生産に寄与していることにもなろう。

　一方，「観察による徒弟制」の議論に基づくと，次のような課題も浮かびあがる。自らの人生の指針となるような恩師の影響を受け，その恩師とおなじ教職を選択することは，きわめて強固な「モデリング効果」のあらわれである。実際，教員志望者は「観察による徒弟制」の経験に基づいて教師の教育的行為や生徒理解に関する独自のパースペクティブを形成するとされる（Feiman-Nemser and Buchmann 1985）。しかし，学んだ教師の教育的行為を絶対視すれば，大学の養成段階で学ぶべき新たな教育実践や教育方法がそのイメージから外れた場合，受容しようとしない恐れもある。この点は，第6章以降で詳しくとりあげたい。

〈注〉

1)　教職選択における教師の影響の強さは述べたとおりであるが，他の職業選択
　者の場合はどの程度なのだろうか。そもそも本章で用いた調査②のデータは，
　教員志望者以外のサンプルも含んでいる。そこで，教職以外で職業希望が確定
　している者をサンプルから抽出し，希望職業別に教師の影響と比較した。職業
　志望は教員志望者を確定したのと同じく，Q25の下位質問「SQ1. あなたが最
　も希望する職業は次のどれに当たりますか」(選択式)の回答を用い，それをカ
　テゴリ化している。また，職業のカテゴリ化は，JGSS(日本版総合的社会調査)
　の職業コードと分類を基にした。それぞれの職業選択者における教師の影響を
　示したのが表4-9である。明らかに，教師以外の職業志望で教師の影響があっ
　たとする者は限られている。つまり，職業的モデルではない学校の教師は，そ
　れぞれの職業選択に関して影響は小さい。

表4-9：職業選択における教師の影響 (希望職業別) (%)

	とても あった	やや あった	あまり なかった	まったく なかった	(実数)
教職	59.9	27.1	8.9	4.1	(708)
保育職	24.1	31.6	27.2	17.1	(158)
専門・技術	11.7	21.4	30.1	36.9	(206)
事務・管理	3.4	12.2	42.2	42.2	(147)
販売・労務	4.4	20.6	26.5	48.5	(68)

$\chi^2(12) = 517.81,\ p < .001$

2)　4質問項目の信頼度係数 (クロンバックの α 係数) は 0.68 となり，変数間にお
　ける一定の内的整合性が認められた。

3)　因子分析の詳細が表4-10である。固有値の変遷から，4因子構造が妥当と判
　断した。その上で，質問項目の意味的なまとまりと因子負荷に留意しながら，
　それぞれ「示範的役割」「教師親密性」「反学校文化」「規範的態度」と称するこ
　ととした。第3章表3-3の学校経験の因子分析と結果が類似しているが，表3-3
　はサンプルが教員志望者以外も含むため，抽出された因子はやや異なる。

4)　ここでの実数の合計は659となり，本章で用いたデータセットのサンプル数
　711から大きく欠落している。これは，質問文で「身近に接してきた人のなかで，
　その考え方や価値観，行動に感銘をうけ，あなたの人生の指針となった方」に
　ついて，「最も影響を受けた人1人だけ」を選ぶという択一式の回答を求めたが，
　複数回答をした者が多く，それらを除外した結果である。

表4-10：学校経験の因子分析（n=704）

	第1因子 示範的 役割	第2因子 教師 親密性	第3因子 反学校 文化	第4因子 規範的 態度
学級委員など，クラスのまとめ役になった	**0.90**	-0.10	0.02	-0.01
班長など，班のまとめ役になった	**0.75**	0.02	0.01	0.00
児童会，生徒会の会長・役員など，学校の リーダー的な役割についた	**0.71**	0.02	-0.01	-0.03
授業中，自分から手を挙げて発言した	**0.47**	0.16	-0.01	-0.01
先生と気兼ねなく話しができた	-0.07	**0.79**	0.02	-0.09
先生と勉強以外のプライベートな話をした	-0.04	**0.74**	0.03	-0.10
勉強で分からないところを先生に質問した	0.00	**0.55**	0.04	0.20
先生には必ずあいさつをした	0.10	**0.48**	-0.06	0.10
先生にほめられた	0.17	**0.48**	-0.02	0.02
学校での掃除当番をさぼった	0.03	-0.08	**0.75**	0.05
頭髪，服装，所持品検査で生活指導を受けた	0.04	0.01	**0.64**	-0.01
授業中に友達とおしゃべりをした	0.00	0.16	**0.54**	0.02
朝，学校に遅刻をした	-0.08	-0.05	**0.48**	-0.10
授業中はノートをしっかりとった	-0.07	0.01	0.03	**0.83**
提出物の期限はしっかり守った	0.03	-0.03	-0.05	**0.66**
固有値	3.79	2.42	1.70	1.04
回転後の因子寄与	2.63	2.59	1.80	1.86

注：重みなし最小二乗法，Kaiserの正規化を伴うプロマックス回転による。

因子相関行列

因子	第1因子	第2因子	第3因子	第4因子
第1因子	1.00			
第2因子	0.42	1.00		
第3因子	-0.10	0.01	1.00	
第4因子	0.20	0.33	-0.46	1.00

〈引用・参考文献〉

有本章，1976，「教職における予期的社会化」大阪教育大学教育学教室編『教育学論集』第5号，pp.83-93.

Bourdieu, Pierre et Jean-Claude Passeron, 1970, *La Reproduction*, Éditions de Minuit.（＝1991，宮島喬訳『再生産〔教育・社会・文化〕』藤原書店）.

Feiman-Nemser, Sharon and Margret Buchmann, 1985, "Pitfalls of Experience in Teacher Preparation", *Teachers College Record*, vol.87, no.1, pp.53-65.

伊藤敬，1980，「教育学部学生の教職志向性の展開過程」『静岡大学教育学部研究報告　人文・社会科学篇』第31号，pp.115-128.

伊藤敬・山崎準二，1986，「教職の予期的社会化に関する調査研究Ⅰ」『静岡大学教育学部研究報告　人文・社会科学篇』第37号，pp.117-127.

伊藤敬・山崎準二，1989，「教員の職業的社会化の基礎的条件に関する調査研究」『静岡大学教育学部研究報告　人文・社会科学篇』第40号，pp.187-214.

木村育恵・中澤智惠・佐久間亜紀，2006，「国立教員養成系大学の学生像と教職観」『東京学芸大学紀要　総合教育科学系』第57集，pp.403-414.

小島秀夫・篠原清夫，1985，「大学生の職業意識形成過程の研究」『茨城大学教育学部紀要（教育科学）』第34号，pp.281-296.

Lortie, Dan C., 1975, *Schoolteacher: A Sociological Study*, The University of Chicago Press.

Merton, Robert K.., 1957, *Social Theory and Social Structure*, The Free Press.（＝1961，森東吾・森好夫・金沢実・中島竜太郎訳『社会理論と社会構造』みすず書房）.

武藤孝典・松谷かおる，1991，「教職への職業的社会化に関する研究」『信州大学教育学部紀要』第73号，pp.97-116.

白石義郎，1986，「部活動」日本教育社会学会編『新教育社会学辞典』東洋館出版社，pp.753-754.

Waller, Willard, 1932, *The Sociology of Teaching*, John Wiley and Sons.（＝1957，石山脩平・橋爪貞雄訳『学校集団：その構造と指導の生態』明治図書出版）.

山﨑準二，2012，『教師の発達と力量形成』創風社。

第**5**章

教員志望者における
地域移動の志向性

1. はじめに

1.1. 問題の所在

　一般的に，教師は生まれ育った地域で就職するのが通例とされる。しかし，教員確保が喫緊の課題である現代では，多くの自治体が地域をまたいで受験生の確保を模索しており，出身地を離れて教職に就くことも十分に考えられるようになっている。そもそも教職を志望する学生は，就職する地域をどのように考えているのだろうか。本章は教員志望学生における地域移動の志向性を検証する。

　従来，教師の地域移動における典型的パターンは，出身地の教員養成機関に進学し，卒業後そのまま地域の教員として赴任するという地元一貫型である。こうした特性は歴史的・制度的要因から説明される。戦前の教員養成では「各道府県はそれぞれに特殊な教員養成機関としての師範学校を設置し，それぞれの地域の教員需要に応ずる入学者を決定し，その卒業者を義務的に地域内に配置した」(溝口 1975, p.91)。つまり，出身県の師範学校へ進学し，卒業後も同地域の学校教員に留まるというのが一般的であった。さらに，師範学校の生徒は農業地主層，とくにその長子から多く供給されてきたが，理由として，教職が家業や土地を引き継ぎつつ従事可能な職業であったことが指摘されている (唐澤 1955, p.88)。地域と結びついた社会階層との関係からも，教職の地域移動の閉鎖性が説明されている。

　戦後になると，国立総合大学に師範学校が包摂されて間接養成方式となり，

　教職課程を設置するいずれの大学でも教員免許が取得できる開放制が原則とな
った。しかし，「1 府県 1 大学」の原則で成立した地方国立大学の卒業生が各
地域の教員需要を補充する形で配分されたのであり，教員の地域移動における
地元一貫型は大きく変わることはなかった (溝口 1975)。同時に，戦後の教育
学部生の供給層も，師範学校ほどではないにせよ，しばらくは農業の比率が依
然として高く (田中 1960，白井・塩入 1967，池田 1974)，また長子，とくに長男
の比率が高いという調査事例もある (白井・塩入 1967，溝口 1975)。家系維持の
ために地域に留まるという伝統的な教員のキャリア・パターンとの重なりもみ
てとれる。

　しかしながら，教員の閉鎖的な地域移動の典型は，1970 年代半ばに変化の
兆しがみられている。教員養成学部卒業生の教員就職先としての県内比率が減
少しはじめたのである (溝口 1975，小野 1975)。その要因について溝口 (1975，
p.2) は次のようにいう。「最近の社会の変動，地域社会の社会的・経済的変貌は，
教員の需要を変化させた。人口流動に伴ういわゆる過疎・過密現象である。す
なわち，過疎地域は，学童数の減少によって教員の余剰を来たし，過密地区は，
急激な学童増によって教員数の大巾な不足を訴えてきている」。さらに第 2 次
ベビーブーム以後の出生数，児童生徒数の急激な減少や退職者数の変動による
影響により，1980 年代から全国的に教員採用数が落ち込み，採用の冬の時代
に入る (山崎 1998)。21 世紀に入ると，都市部の採用数は再び増加に転じたが，
地方ではしばらく低迷が続くなど，ばらつきが生じた[1]。また，教育学部生にお
ける出身階層としての農業の比率も後退し，地域移動の流動性が高いホワイト
カラー層が教師供給源の中心となっていく (今津 1978，伊藤 1979，松本・生駒
1984，腰越 2001，木村ほか 2006 など)。

　このように 1970 年代半ばから，とりわけ 21 世紀に入って以降，地域移動
の閉鎖性がゆらぎはじめている。今後，養成と地域との結びつきはいかなる方
向に向かうのか。同郷者で占められる比較的均質な教員集団はどう変容するの
か。教師の地域移動は，教員養成や教員文化のあり方にも示唆を与えるテーマ
である。しかし，溝口 (1975)，小野 (1975) が地方国立大学の教員養成学部の

事例をとりあげた論考以来，それ自体を焦点化した研究の進展はほとんどない。そのなかで，冨江 (2018) の研究は教員志望学生の地域移動を扱ったもので，本章と関心を共有する。ただし，主にインタビュー調査に依拠し，家族関係意識に偏った問題設定を行っており，予期的社会化論に基づく本章の視点とは異なっている。

　以上の問題意識から，本章では教員志望者の地域移動，具体的には地元志向に焦点づけて分析を行いたい。具体的にはまず，現代の教員志望者のうち，いかなる者が地元就職への志向性をもつのかを検討する。その際，社会階層，出生順位，出身地の地域特性，志望形成の影響因など，一般的に地域移動に影響をもたらすと想定される諸要因について考慮する。

1.2.　分析の対象

　本章では調査②の 11 大学調査 (2010 年実施) の質問紙調査と A 大学の面接

表 5-1：分析対象者の基本的属性

| | 教職志望 | | | |
	小学校	中学校	高校	計
性別				
男性	143	94	159	396
女性	170	55	75	300
学年				
1 年	226	48	107	381
2 年	67	82	90	239
3 年	16	12	18	46
4 年以上	3	7	18	28
N.A.	1		1	2
学部				
教育学部	223	76	109	408
人文科学系	12	19	45	76
社会科学系	2	8	22	32
自然科学系	8	37	40	85
総合科学系	68	9	18	95
計	313 (45.0%)	149 (21.4%)	234 (33.6%)	696 (100.0%)

調査によるデータを用いた。教員志望者に焦点づけるため，教職以外を志望する者，希望職業が未確定の者を全体のサンプルから除外した[2]。その上で，本章が対象とする地元志向の質問に回答した者を抽出した[3]。結果，分析対象となる教員志望者のサンプル数は 696 名となった（**表 5-1**）。サンプルの構成は，前章とほぼ同様である。ただし，2.1 節（**表 5-2**）に限っては教員志望者の特性を浮き彫りにするため，教員志望者以外のサンプルも用いている点には留意されたい。

2.　分析結果 I（質問紙調査）

2.1.　他職と比較した教員志望者の地元志向

　教員志望者の地元志向は，他職志望者と比べて強いと明確にいえるのか。最初に，他の職業と比較した上での教員志望者の地元志向を確認しておきたい。**表 5-2** は「生まれ育った地域で仕事をすること」の重視度（4 件法）を集計したものである。「教職」は「非常に重視」の比率が最も高く（22.3 %），「やや重視」（35.2 %）と合わせると 6 割弱となる。一方，「専門・技術」では「非常に重視」が 8.4 %しかいない。一般的に教職は専門職に含まれるが，教職をのぞいたカテゴリである「専門・技術」職と比較して教職は特異である。また専門職以外の値と比べても，教職は地元志向が強いといえるだろう。

表 5-2：希望職業と「生まれ育った地域で仕事をすること」(%)

	非常に重視	やや重視	あまり重視せず	まったく重視せず	（実数）
教職	22.3	35.2	30.0	12.5	(696)
保育職	12.7	40.8	39.5	7.0	(157)
専門・技術	8.4	20.7	42.9	28.1	(203)
事務・管理	18.6	27.1	32.1	22.1	(140)
販売・労務	16.7	13.6	47.0	22.7	(66)

$\chi^2(12) = 91.79$, $p < .001$

2.2. 地元志向の規定要因

しかし，こうした地域移動の志向性には出身階層や，出生順位，学校タイプなど，さまざまな来歴に関わる事象の影響が想定される。ここでは重回帰分析を用い，複数の変数から地元志向の規定要因を探ることとしたい。

従属変数は「生まれ育った地域で仕事をすること」の重視度（4段階評定）である。独立変数は，性別（女性：ダミー変数），学年，父職（「専門・技術」「事務・管理」「販売・労務」「その他」：ダミー変数），母職（専業主婦：ダミー変数），家族関係（長子：ダミー変数，きょうだい数），中学3年時居住地域（「大都市圏」「地方都市」「郡部」：ダミー変数[4]），中学3年時学業成績（「上の方」「やや上の方」「真ん中くらい」「やや下のほう」「下のほう」の5件法），出身高校（公立高校：ダミー変数），大学所在地（実家通学：ダミー変数），学部（教育学部：ダミー変数），教員志望形成の影響因（学校の先生の影響，父親の影響，母親の影響，「とてもあった」「ややあった」「あまりなかった」「まったくなかった」の4件法），将来意識（「地位達成」「社会貢献」「個性志向」「家族重視」の各因子得点[5]）とした。

結果が**表5-3**である。社会階層（父職・母職）は有意にならなかったが，長子が負の効果を示している。長子の場合，地元志向が弱まるということになり，イエ相続のために長子が教師として地域に残るという伝統的な典型とは相反する結果であった。また，学校関係の変数として，中学3年時の学業成績が良好であった者は地元志向が弱く，公立高校出身はそれを強めていた。また，大学への実家通学は負の効果を示している。これは逆にいえば，大学進学に伴って実家から離れると，地元志向が強くなるということになる。

そのなかでも，影響が強いのは志望形成での「学校の先生の影響」である。標準偏回帰係数の値が高く，変数群のなかで相対的に効果が顕著といえる。また，将来意識では，「社会貢献」と「家族重視」が正の影響を示している。とりわけ「家族重視」は標準偏回帰係数が最も大きく，地元志向との関係の強さがうかがえる。

表 5-3：地元志向の重回帰分析

		b	β	
性別	女性	−0.03	−0.01	
学年	（共変量）	0.00	0.02	
社会階層				
父職	専門・技術	−0.19	−0.05	
（参照カテゴリ：販売・労務）	事務・管理	0.07	0.03	
	その他	0.13	0.04	
母職	専業主婦	0.00	0.00	
家族関係				
出生順位	長子	−0.16	−0.08	*
きょうだい数	（共変量）	0.00	0.00	
中 3 時居住地域				
（参照カテゴリ：郡部）	大都市圏	0.03	0.01	
	地方都市	0.16	0.07	
学校歴				
中 3 時成績	（共変量）	−0.08	−0.09	*
出身高校	公立高校	0.19	0.10	*
大学所在地	実家通学	−0.21	−0.10	*
学部	教育学部	0.14	0.07	+
志望形成の影響因（4 段階）				
学校の先生の影響	（共変量）	0.16	0.13	***
父親の影響	（共変量）	0.08	0.08	
母親の影響	（共変量）	0.00	0.00	
志望形成時期	（共変量）	−0.07	−0.06	
将来意識（因子得点）				
地位達成	（共変量）	−0.08	−0.07	+
社会貢献	（共変量）	0.12	0.10	*
個性志向	（共変量）	0.03	0.02	
家族重視	（共変量）	0.21	0.18	***
（定数）		2.39		***
F 値		5.37***		
Adjusted R^2		0.13		
n		669		

$^+p<.10,\ \ ^*p<.05,\ \ ^{**}p<.01,\ \ ^{***}p<.001$

3. 分析結果 II（面接調査）

3.1. 地元志向に対する恩師の影響

　以上，想定された要因のうち，教員志望者の地元志向にとりわけ大きな効果

をもたらすのは，志望形成上の学校教師の影響と，家族重視の将来意識であった。この背後にはどのような事情を見いだせるのだろうか。調査②の教員志望学生に対するインタビューの結果から考察してみたい（以下，A〜E：調査対象者，I：インタビュアー＝筆者，日付はインタビュー実施日）。

　インタビューでは，地元就職を希望するかとその理由をたずねている。その結果，具体的な理由を明言しない者もいたが，大半が地元での就職を希望していた[6]。ある学生は，志望形成上の教師の影響と地元志向に関して，次のように説明している。

　　I：自分の住んでた地域で先生になりたいという希望はありますか？（後略）
　　A：やっぱり自分の住んでる地域の○○がいいです。
　　I：がいい？
　　A：自分の担任の先生だった先生と同じ職場についてみたいと思って。
　　　　　　　　　　（A：女性・大都市圏出身・小学校志望・2010/10/1）

　予期的社会化研究や前章の結果からも，教員志望の契機に自らが学んだ教師の影響が強いことは明らかである（例えば，伊藤・山崎 1986）。有本（1976, p.87）は教師による社会化作用を「モデリング効果」と称したが，この効果は，恩師のいた学校で教師をめざすという形で，地元志向にも影響をもたらしていると考えられる。

　また，別の学生は自らの学校経験と重ねながら，母校での就職について次のように述べている。

　　I：先生になったら，地元で先生をしたいと思います？
　　B：やっぱり母校で教えたいというのはあります。
　　I：ああ，やっぱり。自分の出身の中学校ね？
　　B：はい。
　　I：それはなんでかね？

　Ｂ：なんでかな。やっぱり懐かしいからかな。多分，自分みたいな経験が楽
　　　しかったんで，中学校とか。

　Ｉ：楽しかった？

　Ｂ：そういう経験。自分が教えて，子どもにも楽しいなと思ってほしいとい
　　　うのが。　　　　　　　　　　（Ｂ：男性・大都市圏出身・中学校志望・2010/11/4）

　教員志望学生の学校経験の中心は，「学校文化への同化」であり，基本的に
かれらの大半は自身の経験に基づき，学校を肯定的にとらえている（第3章参照）。
そうした経験と意識は，教師としての職場に自らの母校を選択するように方向
づけていると考えられる。

3.2. 地元志向と家族意識との関係

　次に，地元志向と家族重視の意識との関連についてである。ある学生は複数
の機関から借りている「奨学金とか返さなくちゃいけない」と述べ，実家から
通勤できることを重視する（Ｃ：女性・大都市圏出身・中学校志望・2010/12/2）。
おそらく，こうした家族の経済的事情が，地元での就職を希望する一因と推し
量れる。一方，別の学生は，経済的なメリットを挙げつつ，地元就職を希望す
る理由を次のように述べている。

　　　地元の就職は，やっぱり地域が好きだし，私という人間を育ててくれた
　　のはその地元の環境であるから，そこで働くことが一番の恩返しになるし，
　　できたら実家から通いたいので，親の負担も。負担どころか，実家から通
　　えば親に返せるものが大きいと思うんですよ。私の場合はただお金の面じ
　　ゃなくて，うち農業なんで，農家の手伝いもできるので地元がいいですね。
　　　　　　　　　　　　　　　　（Ｄ：女性・郡部出身・中学校志望・2010/12/1）

　現在では少なくなった社会階層＝農業である教員志望者の事例である。ここ
からは，地域に愛着を抱き，生まれ育った地域に貢献したいという強い意向を

読みとれる。さらに，実家から通勤が可能であり経済的にゆとりが生じるため，それを親に還元でき，加えて家業の支援ができることを地元就職の理由に挙げている。つまり，郷土愛を背景に実家に戻って親を扶助したいという意識を読みとることができよう。

4.　まとめ

4.1.　地元志向とモデリング効果・家族重視

　本章では教員志望者の地元志向について分析してきた。その結果，他の職業志望と比較すると，あきらかに教員志望者は地元志向が高いといえた。また，教員志望者における地元志向の規定要因を重回帰分析にて検証したところ，教職選択上の学校教員の影響が正の効果をもたらしていた。ここから，教職のモデリング効果は，恩師と過ごした学校や地域で教職をめざすという地元志向にも波及していると推測された。さらに，家族重視の意識が地元志向に大きな影響をもたらしていた。その背景として，生まれ育った地域への愛着とともに，教職に就き地元に留まる，戻ることで，親と同居でき，経済的な扶助が可能という理由が考えられた。

4.2.　地元志向にみる教員志望者の特性

　分析結果をふまえ，考察を加えておきたい。かつて，地元に一貫して留まる教職の閉鎖的な地域移動は，かれらの社会階層に強く規定されていたが，現代ではそうした因果を見いだしにくくなっている。本章の分析でも，一定の社会階層と地元志向の間で明確な関係性があらわれなかった。ただし，インタビュー事例にみられたような，家計扶助など家庭の事情で地元就職を希望する傾向は十分考えられた。実際，地方国立大学の教員志望学生を対象とした冨江 (2018) の研究でも，親の意向に従う，あるいは親の老後を懸念する等により，地元での教職を選択した若者が描かれており，家産の継承を前提としない「現代的なイエ意識」(羽渕 2016) との関連が示唆されている。また，ローカル・トラック

論によれば，地方や農村地域では，学校の教師はホワイトカラーとしての就職先として稀有な職業とされる（吉川 2001）。全国津々浦々に存在する学校の遍在性，地域では限られた大卒専門職としての教師の位置づけなど，教職には地元志向に関連する特別な性質が備わっているといえる。ただし，地域の特性と教職の地元志向との関係については，本章で十分に検討できなかった。今後はこの点に十分配慮した検証が求められる。

　また，学んだ恩師と同じ職場で働きたいという教職のモデリング効果については，児童生徒時代の「観察による徒弟制」による社会化が，職場としての地域選択にまで及ぶ，多大な影響をもたらすことを示唆している。事実，これまで論じてきたように，親が教師であること以外で，教職における社会階層の特徴は消失しつつある。教職の地元志向もやはり社会階層で説明することはできなかった。一方，学んだ恩師という学校経験の一要因が地域選択にまで影響していたのであり，改めて予期的社会化における「観察による徒弟制」の効果が浮き彫りになったといえるだろう。

〈注〉
1) 例えば，2010 年度では東京都で全校種 3,000 名，大阪府（別採用の大阪市・堺市含む）で 2,750 名程度の採用があったのに対し，秋田県，鳥取県ではそれぞれ 80 名ほど（採用倍率：秋田 13.8 倍，鳥取 13.7 倍）でしかなかった（文部科学省 2011）。
2) 職業志望は第 3・4 章と同様，職業をたずねた Q25 の回答を基に，JGSS（日本版総合的社会調査）の職業コードと分類に照らし合わせてカテゴリ化した。
3) 具体的には地元志向の変数として「Q28. あなたは将来の生活にとって次のことをどの程度重視しますか」のうち，「生まれ育った地域で仕事をすること」の質問（「非常に重視」「やや重視」「あまり重視せず」「まったく重視せず」の 4 件法）を利用した。
4) 出身地域のカテゴリについては，中学 3 年時に住んでいた都道府県と，その居住地の都市規模（大都市，中小都市，町，村）との関係から次の 3 つに設定した。「大都市圏」：三大都市圏の中核である東京都・神奈川県・埼玉県・千葉県・愛知県・大阪府・京都府・兵庫県における市部（大都市・中小都市）。「地方都市」：上記以外の都道府県に位置する市部（大都市・中小都市）。「郡部」：すべての郡部（町・村）。
5) 本章で分析に用いている調査②の 11 大学質問紙調査では，調査①と同様，将

来意識に関わる質問群を設定している。これらに対して因子分析を実施し，変数を要約した（**表5-4**）。その結果，固有値の変遷から4因子構造が妥当と判断した。4つの因子は質問のまとまりから，**表1-5**と同様，「地位達成」「社会貢献」「個性志向」「家族重視」と称することとした。

表 5-4：学校経験の因子分析（n=692）

	第1因子 地位達成	第2因子 社会貢献	第3因子 個性志向	第4因子 家族重視
高い地位につくこと	**0.81**	0.15	-0.04	-0.10
世間的に評判のよい職業に就くこと	**0.62**	-0.06	0.11	0.00
高い収入を得ること	**0.56**	-0.10	-0.02	0.14
恵まれない人達を支援すること	-0.13	**0.78**	0.08	0.00
社会の発展のために尽くすこと	0.17	**0.55**	-0.06	0.05
自分の能力や性格に合う仕事をみつけること	0.07	-0.07	**0.81**	0.00
自分の興味や関心を追求すること	-0.04	0.13	**0.46**	0.01
幸せな家庭をもつこと	0.07	-0.02	-0.05	**0.69**
親やきょうだいを大事にすること	-0.04	0.08	0.06	**0.64**
固有値	2.57	1.48	1.13	1.11
回転後の因子寄与	1.62	1.27	1.17	1.29

注：主因子法，Kaiser の正規化を伴うプロマックス回転による。

因子相関行列

	第1因子	第2因子	第3因子	第4因子
第1因子	1.00			
第2因子	0.23	1.00		
第3因子	0.19	0.29	1.00	
第4因子	0.31	0.32	0.31	1.00

6)　自らが学んだ教師の影響や家族重視とは異なる地元志向の理由も見受けられた。ある学生は「自分がのんびりした空間で，全然荒れてないところで生活しててるから，突然そっち（筆者注：都市中心部）に行ったらちょっと怖いなというのがあります」（E：教育学部・大都市圏出身・中学校志望・2010/10/22）として，生活環境・学校環境の変化を危惧して地元を志望している。また，自分の育った自治体で教員になりたいと明言しつつ，「こだわりはない。小学校の先生になれれば」（F：教育学部・大都市圏出身・小学校志望・2010/11/17）というように，

はっきりとした理由はないが，地元就職を当然視していた学生もみられた。

〈引用・参考文献〉

有本章，1976，「教職における予期的社会化」大阪教育大学教育学教室編『教育学論集』第 5 号，pp.83-93.

羽渕一代，2016，「現代的イエ意識と地方」川崎賢一・浅野智彦編著『〈若者〉の溶解』勁草書房，pp.85-109.

池田秀男，1974，「教員養成大学におけるプロフェッショナル・ソーシャライゼーションに関する調査研究（I）」『広島大学教育学部紀要　第一部』第 23 号，pp.125-136.

今津孝次郎，1978，「学生の内的側面からみた教師養成過程」『三重大学教育学部研究紀要』第 29 巻第 4 号，pp.17-33.

伊藤敬，1979，「教育学部学生の職業的社会化に関する一考察」『静岡大学教育学部研究報告　人文・社会科学篇』第 30 号，pp.99-119.

伊藤敬・山崎準二，1986，「教職の予期的社会化に関する調査研究 I」『静岡大学教育学部研究報告　人文・社会科学篇』第 37 号，pp.117-127.

唐澤富太郎，1955，『教師の歴史』創文社。

吉川徹，2001，『学歴社会のローカル・トラック』世界思想社。

木村育恵・中澤智惠・佐久間亜紀，2006，「国立教員養成系大学の学生像と教職観」『東京学芸大学紀要　総合教育科学系』第 57 集，pp.403-414.

腰越滋，2001，「東京学芸大学学生の教職志望度に関する一考察」『東京学芸大学紀要　第 1 部門　教育科学』第 52 集，pp.25-37.

松本良夫・生駒俊樹，1984，「『教員養成大学』学生の進路志望と教職観」『東京学芸大学紀要　第 1 部門』第 35 集，pp.63-75.

溝口謙三，1975，「大学の地域的機能」『山形大学紀要（教育科学）』第 6 巻第 2 号，pp.91-119.

文部科学省，2011，「平成 22 年度公立学校教員採用選考試験の実施状況について　第 2 表　各県市別受験者数，採用者数，競争率」文部科学省ホームページ，（2011 年 3 月 29 日取得　https://www.mext.go.jp/component/a_menu/education/detail/__icsFiles/afieldfile/2011/01/05/1300245_02.pdf）.

小野浩，1975，「教育学部」清水義弘編『地域社会と国立大学』東京大学出版会，pp.291-311.

白井尚・塩入力，1967，「教職の社会学的研究（I）」『山梨大学教育学部研究報告　第一分冊　人文社会科学系』第 18 号，pp.104-113.

田中賢，1960，「教職志望学生の教職並びに自家の社会経済的地位についての評定」『愛媛大学紀要　第 5 部　教育科学』第 7 巻第 1 号，pp.13-23.

冨江英俊，2018，「教員志望学生の進路選択時における地域移動を規定する要因」

　関西学院大学教育学会編『教育学論究』第 10 号，pp.97-104.

山崎博敏，1998，『教員採用の過去と未来』玉川大学出版部。

第**2**部

教員志望者の
学校経験と教員養成

第6章

「観察による徒弟制」の理論と
教師教育の諸問題

1. はじめに

　これまで，教職における予期的社会化の多様な側面を検証してきた。そのなかで浮かびあがってきたのは，教職の契機は児童生徒時代の学校生活に広く埋め込まれている点である。本章は「観察による徒弟制」(Apprenticeship of Observation) の理論について，海外の先行研究を参照・概観し，その上で「観察による徒弟制」がもたらす教師教育の諸問題を検討したい。

　すでに論じたように，「観察による徒弟制」とは教職における社会化過程の一側面である。この概念を最初に提起したLortieによれば，生徒として学校で無数の授業を受ける過程や教師との対面的な関わりは，教職をめざす者に対して特別な影響を及ぼすという (Lortie 1975, p.61)。そもそも，義務教育のように普通教育を施す限り，学校は直接的な職業教育の場ではない。しかし，一般の学校生活は，教職に限ると別の意味をもつ。つまり，学校で教師の授業や指導を受けることは，教職をめざす生徒にとっては，将来の職業モデルに直接に接する機会である。その過程のなかで一部の児童生徒らは，学校や教師に関わる一定の価値観，思考・行動様式を内面化し，教職への道を歩みはじめる。それは，就学する期間を通じて作用する，きわめて日常的かつ長期的な過程である。当然ながら，養成以前にこれだけの長期間，職業モデルに触れる専門職は他にはなく，「観察による徒弟制」は教職に限定された社会化過程である (Knowles and Holt-Reynolds 1991, p.88)。

　とすれば，教職の場合，図6-1のように，児童生徒時代の学校生活の経験を

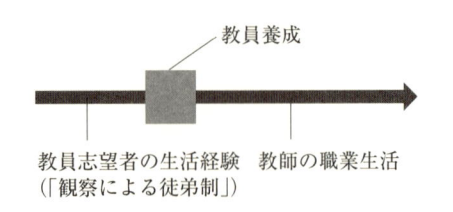

図6-1：教師のライフコースと「観察による徒弟制」

（Rust（2010，p.11）に一部加筆して作成。）

教師のライフコースのなかに位置づけることが可能になる。この「観察による
徒弟制」の期間は，4年間の大学の教員養成に比べると，ずっと長期である。
また，教員養成が意図的で組織的なカリキュラムに基づくフォーマルなもので
ある一方，「観察による徒弟制」は，あらかじめ教員の養成を企図していない
インフォーマルな社会化過程である。この過程を教師教育の段階に位置づけて
整理すると，**表6-1**のようになろう。

　さて，この「観察による徒弟制」は，米国を中心とする海外の教師教育の領
域で広く引用・参照されており，それに基づく研究も蓄積されてきた。一方，
わが国の場合，その内容の一部が紹介されてはいるものの（坂本・秋田 2012，
p.175），総じてよく知られていないし，「観察による徒弟制」の枠組による研
究も進んでいない[1]。ただし，「観察による徒弟制」の教師教育に対する影響は

表6-1：教師教育における3つの位相

	「観察による徒弟制」	教員養成段階	現職教育段階
教師教育・社会化の場	（児童生徒として過ごす）小学校・中学校・高校など	大学・短大等の教員養成機関，実習先の学校など	（教員として勤務する）小学校・中学校・高校など，教育委員会・教育（研修）センターなど
具体的な活動内容	児童生徒としての学校生活全般（とくに教師との直接的関わり）	実習を含めた教職課程の授業全般，学校ボランティア活動など	校内・校外研修，自己研修，同僚教員による日常的な指導・助言など
教育の型	インフォーマル	フォーマル／インフォーマル	フォーマル／インフォーマル
社会化論	予期的社会化	予期的社会化	継続的社会化

きわめて大きいとされ，この社会化過程に対して何らかの対処がない場合，教員養成の効果は限定的になるといわれる。とりわけ，実践的な知識や技術を獲得する際に，大きな障壁となる可能性が指摘されている。したがって，よりよい教師教育のあり方を探り，養成段階において適切な力量形成を図るためにも，「観察による徒弟制」に着目する意義がある。

　以上から，本章ではまず海外にて研究が進展してきた「観察による徒弟制」の知見を整理する。その上で，「観察による徒弟制」がもたらす教員養成の問題に焦点をあてて，考察を加えたい。

2. 「観察による徒弟制」の理論的検討

　海外で発展してきた「観察による徒弟制」の理論は，わが国では十分に紹介されてこなかった。すべてをカバーすることは難しいが，米国を中心に海外で発信されてきた知見を整理しておきたい。[2]論考は多岐にわたるが，内容を大きくまとめると，2つの領域に分類できると思われる。ひとつが，「観察による徒弟制」の具体的な社会化過程とその限界を指摘するものである。これらは，児童生徒時代の学校経験により，教職に向けてどのように社会化されるか，その社会化にはどのような問題が潜んでいるかを検証している。そして，もうひとつが「観察による徒弟制」の克服と教師教育者の役割について論じるものである。具体的には，「観察による徒弟制」に起因する問題をどのように養成教育にて克服するか，教師教育者はいかにこの問題と向き合い教師としての適切な成長につなげていくかを検討している。一つの論文が上記2領域にまたがって言及している場合もあり，その場合，双方の領域で取りあげることとした。以下，それぞれ確認したい。

2.1. 「観察による徒弟制」の社会化作用とその問題

　そもそも Lortie は教職の社会化過程を，自己社会化によるものととらえる（Lortie 1975, p.79）。そして，教職の社会化は一つの要因のみで容易にとらえ

られるものでなく，多様な要因が絡んだ複雑な過程である (Lortie 1975)。そうしたなかでも，Lortie は生徒時代の学校で無数の授業を受ける過程や教師との対面的な関わりによる「観察による徒弟制」を，社会化過程の重要な側面とみなしていた。

　では，この「観察による徒弟制」によって，教師としていかに社会化されていくのか。Lortie は，教職をめざすという動機づけの点で，学校経験が志望形成の核になると論じており (Lortie 1975, p.79)，「観察による徒弟制」が教職選択の重要な誘因であることを示唆している。しかし，「観察による徒弟制」の存在は，他の専門職養成に比べて，教師教育を不確実なものにしているという指摘がある (Trotman and Kerr 2001, p.159)。さらに，大学での教員養成や教師の成長に対して「かくれた危険」(pitfalls) (Feiman-Nemser and Buchmann 1985)をもたらすという。こうした社会化の内実と具体的な問題は，主に 3 つに分類できると思われる。次から順を追ってみていきたい。

①「観察による徒弟制」に基づく価値観，信念の形成とその問題

　「観察による徒弟制」の過程において，教員志望者たちが全く同じ経験をすることなどありえない。学校での生活経験はきわめて多様であり，たとえ同じ活動でも，それをどのように意味づけるかは，人によって大きく異なるはずである (Grossman 1991)。とはいえ，いかなる経験や意味づけであっても，この過程によって，教員志望者は教えることや教師についての概念，イメージ，信念を強固に形づくると指摘される (Kagen 1992, Knowles 1992, Pajares 1992, Slekar 1998 など)。それらは教員志望者が各々の個人的な経験に対する未熟な解釈をもとに生成されるため，「素人理論」(lay theories) とも称される (Holt-Reynolds 1992, p.326)。とりわけ，質の高い教師とは何か，という点について，その考えが明確に形成されるという (Lortie 1975, Pajares 1992, Sugrue 1997 など)。同様に，ネガティブな教師のモデルについても，学校経験に基づいてつくられるという (Knowles 1992)[3]。

　そして，「観察による徒弟制」の過程で形成された教員志望者のアイデンテ

ィティ，価値観，信念は，かれらの実践のありようにも影響を及ぼすと考えられている (Calderhead and Robson 1991, Knowles and Holt-Reynolds 1991)[4]。さらには，教師としてのキャリア発達の方向性にまで作用するとの指摘もある (Rinke, Mawhinney and Park 2014)。

　では，「観察による徒弟制」の過程でつくられる価値観や信念は，どのような特徴をもつのだろうか。いくつかの論考は，それが権威主義的，保守的な性格をもつ学校観，教師観である場合が多く，入職後もそれを保持する傾向があると指摘する (Lortie 1975, Johnson 1994 など)。したがって，学校では保守的な教育実践の伝統が受け継がれていく (Lortie 1975)[5]。

②「観察による徒弟制」が生成する実践上のパースペクティブとその限界

　次に，「観察による徒弟制」の過程において，教師の教育的行為を，教員志望者たちがどのように観察し，いかに受け止めてきたのかという点から整理してみたい。

　Labaree は次のようにいう。「観察による徒弟制」では，教師がどのように行為するのかについて，幾度となく目にすることができる。しかし，教師がなぜその行為をしたのかについては，生徒にはほとんど何も分からない。つまり，生徒としての学校経験において把握できないものは，教師の行為に先立つ思考である。また，その際に教師が考慮に入れた別の行為の選択肢である。そして，結局のところ一つの行為を選択するに至った戦略である。さらには，その行為によって達成しようとした目的である (Labaree 2000, p.232)。

　すなわち，「観察による徒弟制」の過程で獲得される，教育的行為についてのパースペクティブが，どうしても生徒側の視点に制限されてしまう点に問題がある。そもそも「観察による徒弟制」は，本当の意味での徒弟制ではない。授業や指導を受ける生徒の立場で，教師の教育的行為を目にしているのであり，必然的に指導する側の視点はもちにくいのである (Buchmann 1987, Tomlinson 1999)。実際に，生徒は教育的行為の目標設定，事前の準備や事後の分析に関わることはないのであり，その過程を教師の実践的な枠組では把握することは

できないと考えられている（Lortie 1975, p.62）。

　したがって，教員志望者たちは，生徒時代の経験に基づいて，教師の教育的行為や生徒理解に関する独自のパースペクティブを形成するという（Feiman-Nemser and Buchmann 1985）。そして，教師の教育的行為にさまざまな違いが生じる理由を，用意周到な指導計画などに求めるのではなく，その教師の人間性や雰囲気によるものととらえる傾向がある（Lortie 1975, p.63）。さらには，教師が保持すべき分析的な視点をもたないので，教育的行為を「このように指導は行うものだ」，「こうした役割を担う人間だから」といった慣習や役割にしか理由づけできず，自らが実践する場合，単純なものになってしまいがちだという（Labaree 2000, p.232）。加えて，教育的行為に対して単純なイメージしかもっていないことで，自分や他人が実践する教育的行為の是非を検証する機会を拒んでしまう可能性があり，また，教えることや学ぶことに対して，よりすぐれた新たな実践の選択肢を見いだそうという意欲も生じにくいとされる（John 1996, p.100）。とくに，教員志望者が優良な生徒であったとすれば，かつて教わった際の教授法やカリキュラムにて自らが成功をおさめたがゆえに，自らの指導観を広げたり，より洗練された包括的な教師アイデンティティを新たに構築するのを妨げてしまうという（Sugrue 1997, p.220）。

　また別の問題として，教員志望者が実践の対象として将来の生徒を思い描くとき，そのモデルに自分自身を想定して一般化する傾向がみられるため，複雑な教育的背景をもち，学校に適応しにくい生徒の存在が見逃されるという（Grossman 1990, Knowles and Holt-Reynolds 1991）。教員志望者が比較的恵まれた社会的背景をもつとすれば，実際に教壇に立った場合，そうした生徒との間で離齬が生じやすいと想像される。この点も，教師－生徒関係を単眼的にしかとらえられない，「観察による徒弟制」の限界と考えられる[6]。

③「観察による徒弟制」のインパクトと教員養成に及ぼす問題

　さて，このような「観察による徒弟制」の影響は，いったいどの程度続くのだろうか。Tabachnick and Zeichner（1984）によれば，「観察による徒弟制」

の過程で形成される教職観・学校観や実践のパースペクティブは非常に強固で
あり，教員養成の段階では容易に変化しないという。他の研究でも，フォーマ
ルな養成教育より，「観察による徒弟制」の社会化効果のほうが強い可能性を
示唆している（Mardle and Walker 1980，Zeichner and Grant 1981，Knowles 1992
など[7]）。なかには，「観察による徒弟制」に基づいて形成されたイメージや信念は，
入職してから 9 年にわたってその影響が及ぶという指摘もある（Nias 1989）。

　そして，この点は教師教育に深刻な問題をもたらす。すなわち，「観察によ
る徒弟制」の過程が強く影響を及ぼした結果，教員志望者が，教育に関する新
たな考え方や革新的な実践を受け入れる際，それが障壁になってしまうという
（Calderhead and Robson 1991，Kagan 1992，Labaree 2000，Feiman-Nemser 2001）。
具体的には，教員志望者が新しい教授方法を学んでも，自らの経験に照らし合
わせて妥当しない場合は，その方法を疑問視するという（Holt-Reynolds 1992）。
また，「観察による徒弟制」の過程で形成された教えることや教職に関する考
え方に基づいて，教員志望者は，養成課程のなかでどのプログラムが有益であ
るか，といった判断を自ら下してしまう（Calderhead and Robson 1991，p.7）。
つまり，大学で学修すべき教育学の内容が自分自身の既存の枠組から逸脱して
いた場合，それを自発的に排除してしまう可能性がある（Feiman-Nemser 2001，
Trotman and Kerr 2001）。それは，「観察による徒弟制」によって，実際以上
に教えることについて理解しているという誤解が原因とも指摘される
（Feiman-Nemser 2001，p.1016）。いずれにせよ，このことで学生たちは養成教
育での学修機会を自ら限定してしまうことになり，成長の可能性を狭めること
になりかねない。

　さらに，そもそも教員志望者は，教員養成のプログラムを有益なものとみな
さない傾向すらあるという（Labaree 2000，p.232）。John によれば，「観察によ
る徒弟制」を経るなかで，教員志望者は，教師は生まれるのであって，つくら
れるのではない，という信念を抱くようになる者が多いという。しかし，この
信念にしたがってしまうと，そもそも教育学の理論は学修する価値がなくなる
であろうし，新たに教育実践の力量を向上させようという意欲も重要ではなく

なってしまう (John 1996, p.100)。

　典型的な大学の教員養成は，教員志望者が抱いている，教えることに関する常識的な知識を変えることができていないとされるが (Buchmann 1987)，その要因の一つが教職に特有な「観察による徒弟制」の存在といえる。

2.2. 「観察による徒弟制」の克服と教師教育者の役割

　このように「観察による徒弟制」は，教師教育の負の要因としてとらえられることが大半である。そして，その影響が根強く残るため，既存の知識や意識の変容を促すのが難しいというのが特徴といえる。したがって，「観察による徒弟制」に起因する問題をいかに克服するかについても，研究の関心が注がれてきた。さらに，大学にて教師教育を担当する教員は，どのような点に配慮してこの問題に対応すべきかにも注意が払われてきた。次にこの2点について，これまでの研究を概観していきたい。

①「観察による徒弟制」を克服するための方略

　教員志望の学生は，自らの「観察による徒弟制」の過程を認識し，さらにはそれを克服しようとしなければならない (Grossman 1991, Knowles and Holt-Reynolds 1991 など)。これが「観察による徒弟制」に関する教師教育論の共通の理解といってもよい。では，いかにして克服すべきか。それには，まず自己に深く浸透している「観察による徒弟制」の過程を，意識のレベルに浮上させ，それを自己分析することからはじめるべきと考えられている。例えば，Lortie (1975) は，教員志望学生にかつての恩師について記述させることで，その記憶やそれに関わる信念を表面化させ，分析していく必要があると述べている。こうした作業がなければ，先述のように，「観察による徒弟制」に基づく自らの枠組によって，教員養成での学修を主体的に排除してしまう恐れがある。つまり，養成段階にて教えることや学ぶことに関する新たな視野を獲得する前に，教員志望者は，自らの信念を批判的に検証しなければならないのである (Feiman-Nemser 2001, p.1017)。従来とは異なる教え方や新たな学びのスタイ

ルを経験する余地を残しておくことはきわめて重要と指摘されるが (John 1996, p.103)，確かに事前に自らの教育経験と信念を検証し，その偏りを自覚しておくことは，新たな考え方や実践を受け入れる土壌の形成につながるだろう。その上で，教員志望者は教えることを学ぶために，生徒としての自己の経験とは大きく異なる方法で教えるということを理解しておくべきだという (Darling-Hammond 2006)。

　これに関連して，「観察による徒弟制」の問題を克服するために，自らの学校経験とは異なる事例に触れることが重要という指摘も多い。Feiman-Nemser and Buchman によれば，教員志望者は自らの経験を手がかりに学級生活について一応のことは知っているが，それがさまざまな形をとりうる学校生活のごく一部という認識をもっていない。こうした生徒時代の学校経験によって，学級に対する理解の仕方が偏っており，別の選択肢を模索することを困難にしているという (Feiman-Nemser and Buchman 1985, p.63)。よって，教員志望者は，自らの「観察による徒弟制」の過程ではあまり出会わなかった教師や教えることについてのイメージで，なおかつ自らの目標となるものを探究する必要があるという (Johnson 1994, p.450)。これが，教員志望者の知識の幅を広げ，限定的な教育観の変容につながると考えられている。

②「観察による徒弟制」に対処する上での教師教育者の役割

　そもそも旧来の教員養成プログラムは，「観察による徒弟制」のかくれた社会化作用に注目してこなかった (Britzman 1986)。そして，教師教育者は，教員志望者の「観察による徒弟制」に基づく知識や信念に対して，教員養成のなかでうまく取り組むことができなかった (Knapp 2012)。一応，長年にわたって，教師教育者は教員養成の段階で教員志望者の信念や態度を，将来のよりより実践に向けて，変化を促そうとしてきたが，強い抵抗にあってきた (同上，p.324)。この点について，教師教育者自身にも問題があるとの指摘がある。例えば，教師教育者の多くは，教師教育者としてのトレーニングを十分に受けているわけではなく，大学に職を得るなどで，たまたま教師教育を担うようになったに過

ぎない (Martin and Russell 2009, p.321)。また，教師教育者は，教員養成にお
いて教えることについての系統的な学習を促すことに抵抗を示すことがあるが，
それは，かれら自身がそうした学習を経ずに，キャリアをスタートさせたため
とされる (同上)。こうした問題は，教師教育者自身の「観察による徒弟制」に
起因すると推測されている (Furlong 2013, p.80)。

　とはいうものの，教師教育者は，経験に基づいて形成された教員志望者の誤
った考え方に，対処していかなくてはならないと考えられている (Hausfather
2001)。では，大学の教師教育者には，具体的にどのような指導が求められる
のか。先に，「観察による徒弟制」の克服のためには，それに基づく知識や信
念を自ら意識化し分析する必要について触れたが，教師教育者はそうした活動
を促すプログラムや指導を実践すべきとされる。Grossman (1991) は，学生ら
に過去の学校経験をリスト化し分析の俎上にあげさせて，それが教育学の理論
的な枠組にも耐えうるものかを検証させる活動を提案している[8]。養成段階の授
業内にて学生が学校経験をブログに綴り共有する実践では，一部の学生が新た
な教育実践のパースペクティブと照合することによって，自らの学校経験を批
判的にとらえなおすことに成功したと報告している (Boyd et al. 2013)。

　また，「観察による徒弟制」とは異なった，多様な選択肢を経験させること
が重要であるとすでに述べたが，やはり教師教育者がそうした経験を促すべき
とされる (Barnes and Smagorinsky 2016)。例えば，教師教育者は，学生たち
にかれら自身のものとは異なった視点から経験を考察させ，そこでは教師たち
が用いるような専門的な言葉を用いて考察できるよう，教育する必要があると
いう (Grossman 1991)。また，Calderhead and Robson (1991, p.7) は，そうし
た別の新たな経験をさせる際，「観察による徒弟制」に基づいた知見をゆさぶ
るような活動が有効であるという。そして，その活動がうまく機能しているか
をチェックしていく必要があると示唆する。なお，こうしたゆさぶりの際には，
既存の知識からは対照的な「革新的で極端な実践の事例」を経験させることが
効果的という (Grossman 1991)。実際，Westrick and Morris (2016) は，教員
志望学生に革新的な学習評価の方法を授業内で適切に紹介することにより，「観

察による徒弟制」を乗り越え，新たな教育観や指導法を受け入れる基盤の形成
に成果を挙げたという。

　そして，教員志望者の信念を変容させるための具体的な活動として，いくつ
かの教員養成プログラムでは，購読，議論，シミュレーション，実験学校での
経験などを取り入れているという（Hausfather 2001）。また，構成主義的な学
習活動が，「観察による徒弟制」の問題に対して有効であるという指摘もある
（同上）。[9]

3. まとめ

　以上，本章では「観察による徒弟制」の理論を，海外の研究をもとに整理し
てきた。最後に「観察による徒弟制」と教員養成との関係について，考察を加
えておきたい。

　すでにみたように，「観察による徒弟制」は，保守的な教職観・学校観の形
成を促すとともに，生徒側の視点に基づく偏った教育実践のパースペクティブ
を生成してしまうと考えられている。そして，「観察による徒弟制」の影響は
非常に強固であるため，養成段階で学ぶ新たな実践や指導法などを，自主的に
排除してしまう可能性がある。つまり，「観察による徒弟制」は，教師に相応
しいパースペクティブを獲得する際に，また，新たな教育実践の方法を習得す
る際に，ネガティブな効果をもたらす。したがって，教員養成の段階では，「観
察による徒弟制」の影響を克服することに，留意すべきと考えられている。

　これらを鑑みると，教員養成では，「観察による徒弟制」に対処したプログ
ラムを設定し，新たな教育実践を着実に受容できる基盤を形成する必要がある。
本章では海外で展開されてきたプログラムの詳細を論じるまでに至っていない。
ただ，わが国でもすでに同様の問題意識のもとで，類したプログラムを教員養
成に組み込んでいたり，教職の授業のなかで取り組んでいたりする事例もある
と想像される。例えば，渡辺（2010, p.111）は，「自分が受けてきた教育や，現
在学校現場で広く行われ自明視されている教育のやり方にときには疑いの目を

向け，新たな教育の可能性を探っていく力を育てることこそ，大学の授業の役割」とし，学校での学習に対する固定的なイメージを問い直す教職課程の授業をワークショップ方式で展開している。こうした授業やプログラムを，「観察による徒弟制」の枠組に明確に位置づけることで，その活動の意義がより一層深まるだろうし，また養成の効果も高まって実践力の向上に資すると思われる。

　そのためには，現代の日本において，「観察による徒弟制」がどの程度，教員志望者の教育観・教職観や実践のありように影響を及ぼしているのか，実証的に明らかにする必要がある。この点は次章以降で検証したい。

〈注〉
1) ただし，児童生徒時代の学校経験を，教職の社会化過程として論じた研究はいくつかみられる（紅林 1997，川村 2003 など）。
2) 主に米国を中心とする教師教育論の先行研究に限って言及することとした。一方，海外の教科教育の領域において，各教科の固有性に則した「観察による徒弟制」の課題と克服に関する研究が数多く蓄積されている。紙幅や筆者の能力の問題もあり，本書ではほとんどとりあげておらず，留意されたい。
3) そうした教師の良し悪しの評価においては，教員志望者は深遠な知識や卓越した教授法といった能力的側面よりも，教師の性格や人間性といった感情的な面を重要視するとされる（Fajet et al. 2005 など）。
4) さらに，教師は「授業を想定した教科内容の知識」(pedagogical content knowledge) についても，教科に関する知識や自らの教育実践とともに，自分自身の学校経験を用いて形成しているという（Shulman 1987）
5) ただし，近年では別の見解も指摘される。例えば，「観察による徒弟制」を経て形成される教員志望者の教職アイデンティティは，伝統的なものと進歩的なものに分かれたという研究がある（Furlong 2013）。一方，経験に基づく教員志望者の教育観は，子ども中心の教育実践や構成主義的な教育活動を志向する，進歩的なものであるという指摘もある（Smagorinsky and Barnes 2014）。
6) ただし，自伝的記憶（autobiographical memory）の理論に依拠した Crowe and McGarr (2022) によると，教員志望者が想起する過去の学校経験は，将来教員になるという目標に一致するように学校経験が記憶として再構成され，その記憶に基づき教職観が形成されるという。つまり，経験が直接的に教職観を規定するのではなく，目標に合うように再構築された記憶が教職観に影響を及ぼすという。
7) Gray (2020) によれば，初任教員の学級経営においても，ある程度自分自身が教わった教師による学級経営のあり方に影響を受けていると指摘する。そして，

子ども時代の自分が望ましいとは感じていなかった方法（インセンティブで子ど
もの態度を方向づけるなど）であっても，結局はその方法を自らが教師になって
採用する傾向があるという。

8）　ただし，単に「観察による徒弟制」のマイナスの影響を振り返るのではなく，
その積極的な部分にも焦点をあてるべきという指摘もある（Knapp 2012）。

9）　他にも，交換日記を用いた実践事例などがある（Knapp 2012）。

〈引用・参考文献〉

Barnes, Meghan E. and Peter Smagorinsky, 2016, "What English/Language Arts Teacher Candidates Learn during Coursework and Practica", *Journal of Teacher Education*, vol.67, no.4, pp.338-355.

Boyd, Ashley, Jennifer Jones Gorham, Julie Ellison Justice and Janice L. Anderson, 2013, "Examining the Apprenticeship of Observation with Pre-service Teachers: The Practice of Blogging to Facilitate Autobiographical Reflection and Critique", *Teacher Education Quarterly*, vol.40, no.3, pp.27-49.

Britzman, Deborah, 1986, "Cultural Myths in the Making of a Teacher: Biography and Social Structure in Teacher Education", *Harvard Educational Review*, vol.56, no.4, pp.442-457.

Buchmann, Margret, 1987, "Teaching Knowledge: The Lights That Teachers Live by", *Oxford Review of Education*, vol.13, no.2, pp.151-164.

Calderhead, James and Maurice Robson, 1991, "Images of Teaching: Student Teachers' Early Conceptions of Classroom Practice", *Teaching and Teacher Education*, vol.7, no.1, pp.1-8.

Crowe, Fiona and Oliver McGarr, 2022, "An Investigation of Preservice Teachers' Apprenticeship of Observation through a Lens of Autobiographical Memory", *Journal of Teacher Education*, vol. 73, no. 4, pp. 410-423.

Darling-Hammond, Linda, 2006, *Powerful Teacher Education*, Jossey-Bass.

Fajet, Walter, Manuel Bello, Suzette Ahwee Leftwich, Judith L. Mesler and Annis N. Shaver, 2005, "Pre-service Teachers' Perceptions in Beginning Education Classes", *Teaching and Teacher Education*, vol.21, no.6, pp.717-727.

Feiman-Nemser, Sharon, 2001, "From Preparation to Practice: Designing a Continuum to Strengthen and Sustain Teaching", *Teachers College Record*, vol.103, no.6, pp.1013-1055.

Feiman-Nemser, Sharon and Margret Buchman, 1985, "Pitfalls of Experience in Teacher Education", *Teachers College Record*, vol.87, no.1, pp.53-65.

Furlong, Catherine, 2013, "The Teacher I Wish to Be: Exploring the Influence of Life Histories on Student Teacher Idealised Identities", *European Journal of Teacher Education*, vol. 36, no.1, pp.68–83.

Gray, Pennie L., 2020, "Mitigating the Apprenticeship of Observation", *Teaching Education*, vol.31, no.4, pp.404–423.

Grossman, Pamela L., 1990, *The Making of a Teacher*, Teachers College Press.

Grossman, Pamela L., 1991, "Overcoming the Apprenticeship of Observation in Teacher Education Coursework", *Teaching and Teacher Education*, vol.7, no.4, pp.345–357.

Hausfather, Sam, 2001, "Where's the Content? The Role of Content in Constructivist Teacher Education", *Educational Horizons*, vol.80, no.1, pp.15–19.

Holt-Reynolds, Diane, 1992, "Personal History-Based Beliefs as Relevant Prior Knowledge in Course Work", *American Educational Research Journal*, vol.29, no.2, pp.325–349.

John, Peter D., 1996, "Understanding the Apprenticeship of Observation in Initial Teacher Education", Guy Caxton, Terry Atkinson, Marilyn Osborn and Mike Wallace eds., *Liberating the Learner: Lessons for Professional Development in Education*, Routledge, pp.90–107.

Johnson, Karen E., 1994, "The Emerging Beliefs and Instructional Practices of Preservice English as a Second Language Teachers", *Teaching and Teacher Education*, vol.10, no.4, pp.439–452.

Kagan, Dona M., 1992, "Professional Growth among Preservice and Beginning Teachers", *Review of Educational Research*, vol.62, no.2, pp.129–169.

川村光, 2003, 「教師における予期的社会化の役割」『日本教師教育学会年報』第 12 号, pp.80–90.

Knapp, Nancy F., 2012, "Reflective Journals: Making Constructive Use of the 'Apprenticeship of Observation' in Preservice Teacher Education", *Teaching Education*, vol.23, no.3, pp.323–340.

Knowles, Gary J., 1992, "Models for Understanding Pre-service and Beginning Teachers' Biographies", Ivor F. Goodson ed., *Studying Teachers' Lives*, Routledge, pp.99–152.

Knowles, Gary J. and Diane Holt-Reynolds, 1991, "Shaping Pedagogies through Personal Histories in Preservice Teacher Education", *Teachers College Record*, vol.93, no.1, pp.87–113.

紅林伸幸, 1997, 「正統的周辺参加理論の教育社会学的一展開」『滋賀大学教育学部紀要　I：教育科学』第 47 号, pp.37–52.

Labaree, David F., 2000, "On the Nature of Teaching and Teacher Education", *Journal of Teacher Education*, vol.51, no.3, pp.228–233.

Lortie, Dan C., 1975, *Schoolteacher: A Sociological Study*, The University of Chicago Press.

Mardle, George and Michael Walker, 1980, "Strategies and Structure: Some Critical Notes on Teacher Socialisation", Peter Woods ed., *Teacher Strategies*, Croom Helm, pp.98-124.

Martin, Andrea K. and Tom Russell, 2009, "Seeing Teaching as a Discipline in the Context of Preservice Teacher Education", *Teachers and Teaching*, vol.15, no.2, pp.319-331.

Nias, Jennifer, 1989, *Primary Teachers Talking: A Study of Teaching as Work*, Routledge.

Pajares, Frank M., 1992, "Teachers' Beliefs and Educational Research", *Review of Educational Research*, vol.62, no.3, pp.307-332.

Rinke, Carol R., Lynnette Mawhinney and Gloria Park, 2014, "The Apprenticeship of Observation in Career Contexts", *Teachers and Teaching*, vol.20, no.1, pp.92-107.

Rust, Frances O'Connell, 2010, "Shaping New Models for Teacher Education", *Teacher Education Quarterly*, vol.37, no.2, pp.5-18.

坂本篤史・秋田喜代美, 2012, 「教師」金井壽宏・楠見孝編『実践知—エキスパートの知性—』有斐閣, pp.174-193.

Shimahara, Nobuo K. and Akira Sakai, 1995, *Learning to Teach in Two Culture: Japan and the United States*, Garland.

Shulman, Lee S., 1987, "Knowledge and Teaching: Foundations of the New Reform", *Harvard Educational Review*, vol.57, no.1, pp.1-22.

Slekar, Timothy D., 1998, "Epistemological Entanglements: Preservice Elementary School Teachers' 'Apprenticeship of Observation' and the Teaching of History", *Theory & Research in Social Education*, vol.26, no.4, pp.485-507.

Smagorinsky, Peter and Meghan E. Barnes, 2014, "Revisiting and Revising the Apprenticeship of Observation", *Teacher Education Quarterly*, vol.41, no.4, pp.29-52.

Sugrue, Ciaran, 1997, "Student Teachers' Lay Theories and Teaching Identities: Their Implications for Professional Development", *European Journal of Teacher Education*, vol.20, no.3, pp. 213-225.

Tabachnick, Robert B. and Kenneth M. Zeichner, 1984, "The Impact of the Student Teaching Experience on the Development of Teacher Perspectives", *Journal of Teacher Education*, vol.35, no.6, pp.28-36.

Tomlinson, Peter, 1999, "Conscious Reflection and Implicit Learning in Teacher Preparation, Part II", *Oxford Review of Education*, vol.25, no.4, pp.533-544.

Trotman, Janina and Trevor Kerr, 2001, "Making the Personal Professional",

Teachers and Teaching, vol.7, no.2, pp.157-171.

渡辺貴裕, 2010, 「学校での学習に対する固定的イメージを問い直す『教育方法論』『教育課程論』の授業」阪神地区私立大学教職課程研究連絡協議会編『教師を育てる―大学教職課程の授業研究』ナカニシヤ出版, pp.111-124.

Westrick, Jan M. and Gary A. Morris, 2016, "Teacher Education Pedagogy: Disrupting the Apprenticeship of Observation", *Teaching Education*, vol.27, no.2, pp.156-172.

Zeichner, Kenneth M. and Carl A. Grant, 1981, "Biography and Social Structure in the Socialization of Student Teachers", *Journal of Education for Teaching*, vol.7, no.3, pp.298-314.

第7章

「観察による徒弟制」に基づく
教員養成学部生の類型分析

1. はじめに

1.1. 問題の所在

　本章では児童生徒時代の学校経験を教職の社会化過程ととらえる「観察による徒弟制」の枠組から，教員養成学部新入生の学校経験を類型化し，それに応じた教職観の特徴を検証する。

　前章で検討した「観察による徒弟制」の理論は，もともと米国における教師の社会学の文脈から派生してきたものである。一方，日本の場合，とりわけ児童生徒時代の学校経験に基づいて形成された教育観は，入職後も根強く残るという指摘があり（Shimahara and Sakai 1995, p.191），「観察による徒弟制」の影響は，わが国でこそ大きい可能性がある。ただ，ここ数十年の間，学校教育をめぐる改革が進行し，教師や生徒を取り巻く環境も変化が著しい。Shimahara and Sakai (1995) のかつての指摘が，現在もあてはまるかは不明である。また，Lortie (1975) が1970年代に提起した「観察による徒弟制」は，保守的な教育観を育むと考えられていたのに対し，Smagorinsky and Barnes (2014) では，それが進歩的になっていると指摘している。現代の日本において，「観察による徒弟制」は教員志望者の教育観や教職観に，どのような影響をどの程度及ぼしているのだろうか。

　実際，児童生徒時代の学校経験を教職の社会化過程ととらえてその影響を論じた研究はいくつかみられるものの（紅林 1997, 川村 2003など），「観察による徒弟制」の枠組に基づく研究はほとんどない[1]。一方，本書第3章では，「観察

による徒弟制」の理論に依拠しつつ，教員志望者の学校経験としてリーダー役割が顕著であった点に着目し，その役割遂行の過程に教職適性への気づきや教師側の視点の内面化といった，教職に向けた社会化の契機が含まれることを指摘した。しかし，社会化の結果として，どのような教職のパースペクティブを獲得していくのかといった，具体的な社会化作用にまで十分に言及できなかった。そもそも「観察による徒弟制」の存在は，教師教育の「かくれた危険」(pitfalls)(Feiman-Nemser and Buchmann 1985) ともみなされ，それを養成段階においていかに克服するかが課題となっている。よって，この「観察による徒弟制」が何をもたらすのかを，実証的に明らかにする必要がある。

　以上をふまえ，本章は教員養成学部生の学校経験による教職観への影響を検証していく。そのために，まず教員養成学部生の学校経験の類型化を試みる。そもそも，他と明確に区別される教員志望者の学校経験とは，学級委員をはじめとするリーダー役割であったが (第 3 章)，教員志望者すべてが一律にこうした経験を共有しているわけではない。「観察による徒弟制」の過程で経験する事象は人によって様々で，たとえ同じ経験でもそれをいかに意味づけるかには個人差がある (Grossman 1991)。つまり，教員志望者の学校経験をひとくくりにとらえることは難しい。そこで，教員養成学部生の学校経験を多変量解析によって類型化し，教員志望の一集団における学校経験の多様性を把握する。その上で，学校経験に基づく類型によって，教職観に特徴がみられるのかを分析する。

　これらを通じて，本章は「観察による徒弟制」による予期的社会化の一端を明らかにしようとする。この分析により，養成以前の社会化過程と大学での養成教育との接続関係を考察する上で，有益な知見を提供できると考える。

1.2. 分析の対象

　本章では調査③ B 大学 (国立大学教員養成学部) 実施の質問紙調査と面接調査で得られたデータを用いた。調査③は 2 時点の継続調査であるが，このうち初年度 (2017 年) のデータのみを扱った。

　質問紙調査では，小学校から高校までの学校経験と現在の教育観・教職観を
たずねている。調査時期は，純粋に過去の学校経験に基づく教育観・教職観を
抽出するため，養成段階での教育の影響をほとんど受けていない，入学直後の
4月である。サンプル数は240名（全1年生246名のうちの97.6％）である。入
学直後ということもあって，教員志望は「とてもなりたい」と「ややなりたい」
を合わせると，対象の95.0％（228名）を占めていた。[2]

　また，本章では調査③の面接調査のデータも利用した。質問紙調査の結果に
ついて，その具体的な背景を解釈・理解するために活用している。対象者は質
問紙調査の実施時に協力者を募り，それに応じた15名である。

2.　分析結果Ｉ：学校経験の類型化と各類型の特徴

2.1.　教員養成学部生における学校経験の類型化

　教員志望の集団は，いかなる学校経験をもつ者から構成されるのか。学校経
験の類型化に向けて，まずは質問紙調査における，過去の学校経験に関する質
問群に対して因子分析を実施した。質問は学校経験をたずねた調査②の質問紙
調査のそれに，さらに詳細な項目を加え修正したものを利用した。具体的には，
「学校生活のなかで次のことはどの程度ありましたか」（A～L，「よくあった」「た
まにあった」「あまりなかった」「まったくなかった」の4件法）として学校経験の
頻度を，「次のことはどの程度あてはまりますか」（a～g，「あてはまる」「やや
あてはまる」「あまりあてはまらない」「あてはまらない」の4件法）として学校で
の活動に対する参加意欲や意識等をたずねた。

　分析の結果（**表7-1**），固有値の変遷から判断し，4因子構造が妥当であると
みなした。このうち，第1因子は教師に対する主体的・積極的関わりの質問群
からなるため「教師親密性」，第2因子は学級委員をはじめとするリーダー役
割の質問群であることから「示範的役割」，第3因子は学校生活全般への肯定
的・積極的参加を示す「肯定的参加」，第4因子は学校規範に対する逸脱的な
行動群であるため「反学校文化」と称することとした。これら因子の名称は**表**

表 7-1：学校経験の因子分析（n=235）

	第 1 因子 教師 親密性	第 2 因子 示範的 役割	第 3 因子 肯定的 参加	第 4 因子 反学校 文化
h.　先生と話をするのが好きだった	**0.77**	-0.04	-0.04	-0.07
E.　先生と勉強以外のプライベートな話をした	**0.68**	0.04	-0.04	0.11
F.　勉強で分からないところを先生に質問した	**0.64**	-0.12	0.06	0.04
G.　先生にほめられた	**0.55**	0.05	0.07	0.10
f.　学校の授業を受けるのが好きだった	**0.50**	0.10	-0.06	-0.15
g.　先生には必ずあいさつをした	**0.32**	0.06	0.21	-0.05
B.　学級委員など，クラスのまとめ役になった	-0.02	**0.85**	0.02	0.02
A.　児童会，生徒会の会長・役員など，学校の リーダー的な役割についた	-0.05	**0.80**	-0.08	0.04
C.　班長など，班のまとめ役になった	0.00	**0.71**	0.10	-0.03
D.　授業中，自分から手を挙げて発言した	0.13	**0.40**	0.02	0.00
b.　学校の運動会や体育祭に積極的に参加した	-0.16	0.02	**0.92**	-0.01
c.　学校の文化祭に積極的に参加した	0.11	0.02	**0.71**	-0.07
a.　学校のクラブや部活動に積極的に参加した	0.02	0.02	**0.58**	-0.03
d.　学校に行くのが楽しかった	0.18	-0.04	**0.51**	0.07
J.　授業中に友達とおしゃべりをした	-0.05	0.00	0.05	**0.64**
L.　先生の考えに反発した	0.04	0.10	-0.15	**0.63**
K.　宿題をやらなかった	-0.23	-0.08	0.03	**0.59**
H.　先生におこられた	0.15	-0.01	0.15	**0.55**
I.　頭髪，服装，所持品検査で生活指導を受けた	0.10	0.01	-0.08	**0.47**
固有値	4.94	2.34	1.76	1.42
回転後の因子寄与	3.42	2.95	3.34	1.89

注：最尤法，Kaiser の正規化を伴うプロマックス回転による。

因子相関行列

	第 1 因子	第 2 因子	第 3 因子	第 4 因子
第 1 因子	1.00			
第 2 因子	0.39	1.00		
第 3 因子	0.56	0.42	1.00	
第 4 因子	0.10	0.18	0.15	1.00

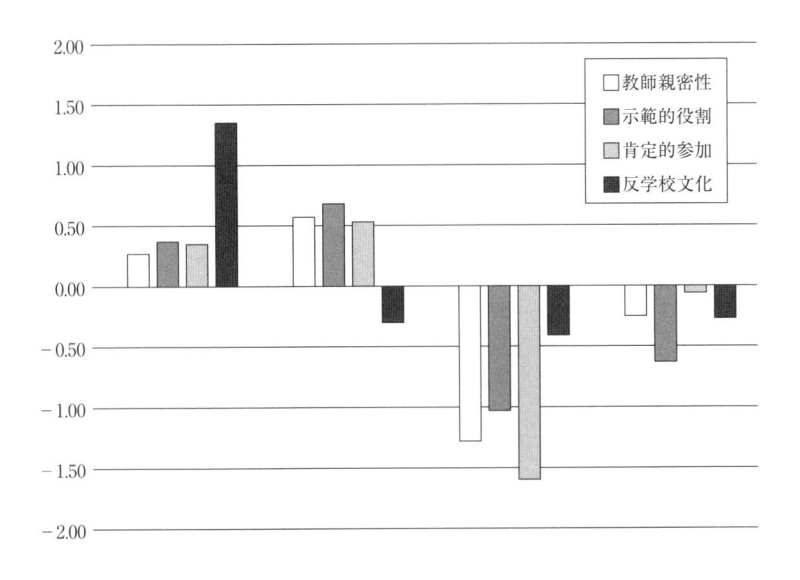

最終クラスタ中心	第1クラスター 逸脱型 (44名, 18.7%)	第2クラスター 同化型 (91名, 37.7%)	第3クラスター 回避型 (37名, 15.7%)	第4クラスター 消極型 (63名, 26.8%)
教師親密性	0.27	0.57	-1.28	-0.25
示範的役割	0.37	0.68	-1.03	-0.63
肯定的参加	0.35	0.53	-1.60	-0.06
反学校文化	1.35	-0.30	-0.41	-0.27

図7-1：学校経験による類型化（クラスター分析，n=235）

3-3の因子分析と同様である。

　その上で，得られた因子得点に対して非階層的クラスター分析を実施し，学校経験による教員志望者の類型化を行った（図7-1）。結果，因子の組み合わせや解釈の妥当性から，4クラスター構造を採用することとした。各類型の詳細であるが，第1クラスターは，相対的に反学校文化の得点が高いため，「逸脱型」(44名) とした。第2クラスターは，教師と良好な関係を築きリーダー役割を積極的に担った群であり，学校文化への同化が認められる。そのため「同化型」(91名) とした。一方，第3クラスターは教師や学校との関わりを全般的に

表7-2：学校経験の類型と教員志望

	I 逸脱型	II 同化型	III 回避型	IV 消極型	計	χ^2検定
性別						
男性	27 (61.4)	35 (38.5)	18 (48.6)	24 (38.1)	104 (44.3)	7.72
女性	17 (38.6)	56 (61.5)	19 (51.4)	39 (61.9)	131 (55.7)	
志望学校種						
幼・保	2 (4.9)	4 (4.4)	6 (17.1)	10 (16.1)	22 (9.6)	
小学校	13 (31.7)	31 (34.4)	8 (22.9)	19 (30.6)	71 (31.1)	
中学校	7 (17.1)	30 (33.3)	7 (20.0)	14 (22.6)	58 (25.4)	24.95*
高校	17 (41.5)	23 (25.6)	13 (37.1)	12 (19.4)	65 (28.5)	
特支・他	2 (4.9)	2 (2.2)	1 (2.9)	7 (11.3)	12 (5.3)	
志望時期						
～小学生	9 (21.4)	25 (27.8)	1 (2.9)	14 (22.2)	49 (21.3)	
中学生	19 (45.2)	41 (45.6)	11 (31.4)	22 (34.9)	93 (40.4)	20.06**
高校生～	14 (33.3)	24 (26.7)	23 (65.7)	27 (42.9)	88 (38.3)	
志望の程度						
とても	34 (77.3)	69 (77.5)	17 (48.6)	37 (61.7)	157 (68.9)	
やや	8 (18.2)	19 (21.3)	16 (45.7)	23 (38.3)	66 (28.9)	16.60*
あまり	2 (4.5)	1 (1.1)	2 (5.7)	0 (0.0)	5 (2.2)	
まったく	0 (0.0)	0 (0.0)	0 (0.0)	0 (0.0)	0 (0.0)	

*$p<.05$, **$p<.01$, ***$p<.001$, （ ）内は%

避けてきた傾向のある群であるため，「回避型」（37名）と称することとした。また，第4クラスターは，「回避型」ほどではないが「逸脱型」や「同化型」に比べて教師や学校への関与が希薄で，とりわけリーダー経験に乏しい群であり，これを「消極型」（63名）とした。

　さて，学校経験の類型ごとに，教員志望との関係を確認したのが**表7-2**である。各類型の特徴を確認しておくと，志望時期では，同化型，逸脱型が中学校までに大半が教職志望を決めているのに対し，回避型は高校以降が約65％と比較的遅い。また，教員志望の程度，つまり教職への動機づけについては，逸脱型，同化型の約77％が「とてもなりたい」と回答しているのに対し，回避型のそれは半数以下である。つまり，逸脱型と同化型は志望時期が早期で動機づけも強いのに対し，回避型はその逆であることが分かる。

2.2.　学校経験各類型の具体的特徴

　続いて，学校経験 4 類型の特徴を，面接調査の内容から，具体的に把握していきたい（以下，Ⅰa〜Ⅳc：調査対象者，日付はインタビュー実施日）。面接調査対象者 15 名を，かれらの質問紙調査の回答から 4 つの類型に位置づけると，内訳はⅠ逸脱型が 3 名，Ⅱ同化型 5 名，Ⅲ回避型 3 名，Ⅳ消極型 4 名となった。[3] 質問紙調査全体の各類型の人数比率が，おおむね面接調査対象者の比率にも反映されているといえるだろう。

　①「Ⅰ　逸脱型」(44 名，18.7 %)

　まず，反学校文化の経験が顕著な逸脱型であるが，あくまでも教員志望者のなかでの相対的なものであり，逸脱の程度は決して大きくはない。

　例えば，学校の服装，遅刻など生活指導でしばしば注意を受けたというⅠa（女性，小学校希望，2017/6/16）は，「遅刻とかで，けっこう厳しく言われていたんで。厳しく言われても，『ああ，またⅠaか』みたいな。けっこう他の人が本当に怒られているところを，『ああ，おまえか』みたいな」と受け止められ，「しょうがないなみたいな感じの。でもちゃんと書いてくれよっていう感じで反省文渡された」というように，いつも大目に見てもらえたという。その理由を「基本，その先生ともしゃべっていましたね。常に」と振り返っている。普段より教師との親密な関係を保っていたことで，多少の違反に対しても，厳しい叱責を免れていた。

　また，Ⅰb（男性，高校希望，2017/6/14）は，中学校の途中までは「授業中とかも，なんか全然落ち着きがなくて，僕は。なんか全然授業は受けたくないみたいな，全然楽しくないな，勝手に発言するみたいな感じで」，「相当怒られました」という。ところが，小学校以来「学級委員はほぼ毎回やっていました」。そして，中学校では生徒会に勧誘され，「生徒会入るんやったら，やっぱりみんなの模範にならなあかんなという責任感みたいのが芽生えて」，学校生活が落ち着いていったという。

　このように，逸脱型は学校の規範に反する行動が相対的に目立つとはいえ，

教師と一定以上の関係を築いており，ある契機から学校文化の中心に接近していく様子もうかがえる。先の**図7-1**からも分かるように，この群は「反学校文化」とともに，「教師親密性」，「示範的役割」，「肯定的参加」といった向学校文化の経験も比較的多いのが特徴である。

②「II 同化型」(91 名，37.7 %)

　91 名と最も多数の類型であり，教員養成学部生の中心といえる。その特徴は端的にいえば，学校文化への同化である。

　II a (女性，高校志望，2017/6/9) は，学校生活で力を入れたこととして，「人前で何かを仕切る」ことをあげ，「小，中，高，全部言えることなんですけれど，学級委員を常にやってる」という。さらに，中学，高校の部活動でも部長を務めた。そのため，必然的に教師と関わる機会が多くなったが，「自分がそういう先生と関わりたいっていう気持ちもあった」とし，先生から任される仕事に対しても，「喜んで引き受けるという感じですね」。よって，学校生活全般を「行事ごととかは，もう積極的に参加するし，しんどいけど，楽しいのは目に見えて分かってるからやる。(中略) 学校生活はもう常に楽しかったですね」と振り返っている。

　また，中学校 3 年間を学級委員，高校でも 3 年間文化祭委員を務めた II b (男性，高校志望，2017/6/21) は，学級会など意見をまとめる場で「裏で，こういうことを後でやるから，ちょっと発言してくれへんかみたいなことを言ったり」，授業中に発言を促されても手を「誰も挙げなかったら，挙げて答える」ことを進んで行ったりしたという。学校という場の論理を敏感に読みとり，円滑な学級の運営や授業の進行を促す役割を担っていたといえる。

　一方，小学校時代に毎年学級委員を務めた II c (女性，小学校志望，2017/6/23) は，教師への親密度が非常に高いタイプである。教師との関わり方全般について，「担任の先生にはだいぶ仲良くなりたいし，先生の面白い話を聞きたいし，先生に構って，構ってみたいな感じで，結構行ってた感じはありますね」と回顧する。とりわけ高校時代は「先生と仲良くなりたいと思うのは，その先生の

人間性が出ちゃう時とかに，あっ，この先生好きやなと，直感的に思ったら，無理やり質問をつくってでも，先生にしゃべりに行ったりしてた」という。

　学級委員をはじめとする役職の経験，学級の運営や授業の進行を円滑化しようとする意識と態度，教師との親密な距離など，学校文化の中心といえる経験が豊富であるのが，この同化型である。第3章でみたように，大学生の教職希望と他の職業希望を判別したのが学校でのリーダー経験であったが，この同化型の存在がその判別に最も寄与したとも考えられる。

③「III　回避型」(37名，15.7%)

　回避型は「教師親密性」，「示範的役割」，「肯定的参加」という向学校文化の指標がいずれも著しく低い。かといって，「反学校文化」の経験はあまりなく，規範に反していたわけではない。最も人数が少ないが，教員養成学部生の集団のなかでは，際だった特性をもつグループである。

　例えば，IIIa（男性，中学校志望，2017/6/26）は，学級委員などの役割の経験は一度もなく，文化祭など行事を「大嫌いでした」と答え，学校生活全般を楽しくなかったと言い切っている。教師と関わる機会も少なかったというが，その背景としていじめの経験が語られている。そうした状況に教師が手を差し伸べなかったことで，教師への不信感が芽生えたという。

　IIIb（女性，中学校志望，2017/7/14）も「面倒くさいことは極力避けたい」ということで，小学校から高校にいたるまで学級委員，委員会などの経験はない。中学生のときに顧問の指導が原因で一時期，登校できなくなることがあった。このときの友人関係についても，「クラスの中でも空気と化してるみたいな感じ」，「意地悪な人たちに言い掛かりとかなんか裏で付けられて，裏でなんか悪口言われた」など，恵まれなかったという。そのため，学校生活全般によい印象をもっていない。

　つまり，この群の学生には，何らかの困難な学校経験を抱えていることが示唆される。にもかかわらず，なぜ学校に戻ることになる教職を希望するのか。IIIbによれば，「あれだけには絶対ならないっていう，何だろう，その反面教

師的なものがあったのと，それで他の担任の先生とかに，いろいろ助けてもらって，ああ，こういう先生になりたい」と思ったと説明している。回避型の場合，学校経験とそれへの意味づけは，同化型とは反対のベクトルである。ただし，方向は違うとはいえ，学校や教職への思い入れの強さという点では，同化型と共通項を見いだせるかもしれない。

④「Ⅳ 消極型」(63 名，26.8 %)

消極型はとくに学校文化に親和的でもなく，かといって回避型ほど学校や教師に著しく距離をおいてきたわけではない。とりわけ，**図 7-1** にみえる数値でいうと，「示範的役割」，すなわち学校でのリーダー役割が少ない点に特徴があろう。

Ⅳa（男性，中学校志望，2017/6/9）は，中学校のときに学級委員になったが，そのとき誰もなり手がなく，「じゃあ誰がやるってなったら，僕に押し付けられるっていうか。別に何ですか，いじめられてなるわけじゃなくて，何かキャラクター的に『やれよ』みたいな」形で決まったという。

また，Ⅳb（女性，中学校希望，2017/7/14）の場合，中学校にて文化系部活動の部長となったが，学級委員の経験は一度もないという。部長を経験したにもかかわらず，学級委員をしなかった理由として，「同じ部活にいるから考え方も分かるし，キャラクターとかも接しやすい人が集まってて，その中でやるのと，いろんな人がいるクラスで学級委員をやるというのは，ちょっと違うというか，ちょっと怖かった」と説明している。

Ⅳc（男性，高校希望，2017/6/28）は，やりたくなかったがくじ引きの結果，中学 2 年で一度だけ学級委員を経験したという。その他学校での役割については，「書記とかは中 3 は内申のためにやった」のみで，進学の手段としてリーダー役割をとらえていた様子がうかがえる。また，全般的に教師との関わりについては，「年上の人と何かうまく関われなくて，何か分かんないですけど，すごい嫌われている感が自分では感じて。何かうまくやろうとしても，あんま，うまく合わないみたいな感じはありましたね」と述べている。

　おそらく消極型の学生は，一般的には平均的な学校生活を経験してきたものと思われる。同化型など学校文化に親和性の強い教員志望の集団のなかでは，相対的に「消極」ということになろう。

3.　分析結果Ⅱ：学校経験と教職観との関係

3.1.　学校経験類型ごとの教職観の比較

　以上，教員志望の一集団に対して学校経験の類型化を行い，その特徴をインタビューの結果から具体的に概観してきた。では，学校経験の類型に応じて，教職観に違いがみられるのだろうか。ここからは学校経験と教職観の関係を確認していきたい。**表7-3**は質問紙調査における，教職観に関する質問13項目に対し，学校経験の類型ごとにその平均値を示したものである。質問は「次の教師に関する考え・意見に対し，あなた自身はどのように思いますか」として，教職に関する考えをたずねた（回答は「とてもそう思う」「ややそう思う」「あまりそう思わない」「全くそう思わない」の4件法）。

表7-3：学校経験類型別の教職観平均値

	逸脱型	同化型	回避型	消極型
a.　子どもの学力は教師の力量によるところが大きい	**2.98**	2.89	2.83	2.81
b.　教師の人格によって子どもは大きく感化される	**3.48**	3.32	3.03	3.38
c.　教師は専門職である	**3.25**	3.15	3.06	3.03
d.　教師は自分の思ったやり方で仕事ができる	**2.42**	2.42	2.36	2.33
e.　教職は個人の創意工夫が活かせる仕事である	3.09	**3.10**	2.78	2.97
f.　教師は自主的に仕事を選べる機会が多い	2.20	**2.23**	2.19	2.02
g.　教師は経済的に恵まれている	2.41	2.46	2.42	**2.49**
h.　教師の社会的評価は高い	2.27	**2.47**	2.22	2.40
i.　教師は社会に大きく貢献している	3.07	**3.14**	2.78	2.95
j.　教師には自己犠牲の精神が求められる	**3.27**	3.04	2.86	3.00
k.　教師は，同僚の先生との協調性が強く求められる	3.55	**3.66**	3.27	3.35
l.　教師は心理や福祉の専門家と積極的に連携すべきだ	**3.37**	3.31	3.05	3.21
m.　教師には保護者との関係を築く力量が不可欠である	**3.74**	3.59	3.46	3.48

注：値の範囲は1～4で，太字は希望職業のなかでの最大値。

続いて，以上の質問群に対し，教職観を集約して簡潔に提示するために，因子分析を実施した（**表7-4**）。その結果，固有値の変遷から判断し，4因子構造が妥当と判断した。因子の解釈であるが，第1因子は教師の仕事の自律性を問

表7-4：教職観の因子分析 (n=233)

	第1因子 職務 自律性	第2因子 連携 協働性	第3因子 全人的 影響	第4因子 社会的 地位
d. 教師は自分の思ったやり方で仕事ができる	**0.71**	-0.05	0.09	-0.09
f. 教師は自主的に仕事を選べる機会が多い	**0.56**	0.01	-0.08	0.05
e. 教職は個人の創意工夫が活かせる仕事である	**0.50**	0.06	0.01	0.12
m. 教師には保護者との関係を築く力量が不可欠である	0.00	**0.71**	0.04	-0.10
l. 教師は心理や福祉の専門家と積極的に連携すべきだ	0.00	**0.61**	-0.12	-0.02
k. 教師は，同僚の先生との協調性が強く求められる	-0.04	**0.32**	0.16	**0.31**
a. 子どもの学力は教師の力量によるところが大きい	0.19	0.03	**0.58**	-0.07
b. 教師の人格によって子どもは大きく感化される	-0.09	-0.01	**0.58**	-0.01
j. 教師には自己犠牲の精神が求められる	-0.05	-0.10	**0.39**	0.10
h. 教師の社会的評価は高い	0.05	-0.14	0.01	**0.53**
i. 教師は社会に大きく貢献している	-0.11	-0.02	0.13	**0.49**
g. 教師は経済的に恵まれている	0.20	-0.03	-0.15	**0.34**
c. 教師は専門職である	0.08	0.20	-0.04	**0.32**
固有値	2.40	1.96	1.29	1.09
回転後の因子寄与	1.28	1.42	1.33	1.12

注：最尤法，Kaiser の正規化を伴うプロマックス法による。

因子相関行列

	第1因子	第2因子	第3因子	第4因子
第1因子	1.00			
第2因子	-0.07	1.00		
第3因子	0.08	0.60	1.00	
第4因子	0.27	0.26	0.21	1.00

う質問群であることから「職務自律性」とした。第 2 因子は保護者との関係性や同僚教員・他の専門職との協働性を問う質問群であり，「連携協働性」とみなした。第 3 因子は教師の子どもに対する学力や人格への影響と，教師の自己犠牲といった聖職者観に関わる質問から構成されるため，「全人的影響」とした。最後に，第 4 因子は教職の社会的評価や専門職性を問う質問群であるから，「社会的地位」と称した。

　さて，これら 4 つの教職観は，学校経験の類型によって，異なるといえるのだろうか。この点を検証することで，学校経験と教職観との関係を浮き彫りにしたい。具体的には，学校経験の類型に基づいて，4 つの教職観因子得点における平均値の差の検定，すなわち分散分析を実施した（図 7-2）。

　その結果，「職務自律性」以外の 3 つの教職観で有意差が生じた。多重比較によると，まず，「連携協働性」は逸脱型と同化型が回避型に比べて高かった。逸脱型は消極型に対しても有意であった。「全人的影響」については，逸脱型と同化型が回避型と比べてより高く評価していた。そして，「社会的地位」では，同化型が回避型に対して有意に高い値を示した。

3.2. 類型間における教職観乖離の具体的検討

　このように量的分析から，総じて逸脱型・同化型と，回避型との間で，教職観に乖離が生じていることが分かった。これにはどのような背景を見いだせるのだろうか。有意差が生じた教職観「連携協働性」「全人的影響」「社会的地位」の 3 つについて，違いを浮き彫りにするため，インタビューの内容から検証してみたい。

①教師の連携・協働

　（「連携協働性」……逸脱型・同化型＞回避型，逸脱型＞消極型）

　インタビューでの具体的な質問では，専門職との連携に関わって，教師は子どもの心の問題についてカウンセラーに一任したほうがよいか，とたずねている[4]。これに対し，逸脱型の I c は「任せっきりにするというより，連携をとっ

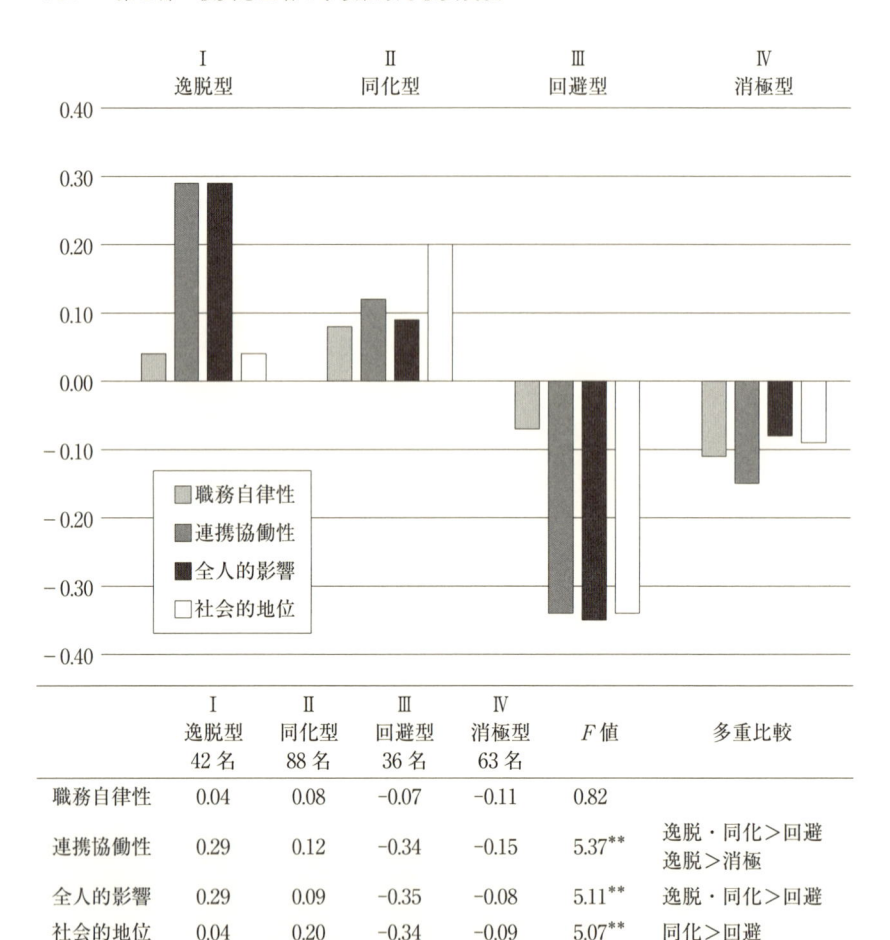

	I 逸脱型 42名	II 同化型 88名	III 回避型 36名	IV 消極型 63名	F値	多重比較
職務自律性	0.04	0.08	-0.07	-0.11	0.82	
連携協働性	0.29	0.12	-0.34	-0.15	5.37**	逸脱・同化＞回避 逸脱＞消極
全人的影響	0.29	0.09	-0.35	-0.08	5.11**	逸脱・同化＞回避
社会的地位	0.04	0.20	-0.34	-0.09	5.07**	同化＞回避

*$p<.05$, **$p<.01$, ***$p<.001$

図7-2：学校経験類型別の教職観因子得点平均値（分散分析，n=229）

た方がいい」と明言し，その上で教師の役割も「必要やと思います。日ごろ顔を合わせてるからこそ気を許すってこともあると思います」と述べている。同じくIa（逸脱型）も「学校の勉強だけ教える先生になってしまったら，きっと心離れていく生徒っていうのはたくさん出てきます」という。同化型のIIcも「私はそれはどちらかというと反対ですね。あんまりカウンセラーに任せるよりは教師も一体となってやるべきだなと思います」。さらに，同化型のIId（男

性，高校志望，2017/6/26）も，「やっぱり，一番見ているのは教師じゃないですか。（中略）あくまで話を聞いて，第 3 者の立場から助言をするというのがカウンセラーのあれやと思うので。でも，教師とカウンセラーが連携するのも要るんじゃないかな」。このように逸脱型と同化型は，専門職との連携の必要を認めつつ，そこでの教師役割の重要性も同時に指摘するケースが目立った。

　一方で，回避型の場合，Ⅲbは「カウンセラーの人も，その子の学校での様子を 100 ％知れるわけじゃないから，やっぱり先生がやるのが望ましいけど，まあカウンセラーの人にも任せた方がいいと思います」と述べたものの，連携という発想がでてこなかった。さらに，Ⅲaは「一律，任すってした方が学校や教師の先生も楽じゃないでしょうか」と回答し，「私はそういういままでの小学校のころの経験で，学校の先生には基本的にこの手の能力はないし，この手の訓練も専門では受けてないと思ってますんで」と過去の自らの経験から，教師の能力の限界と明確な役割の分離を主張している。

　ここでは心の問題への対応を事例にインタビューを実施してきたが，逸脱型と同化型は，教師の役割を重視しつつ，その職務の一部については他の専門職と連携・協働すべきという考えが顕著であると推し量れた。一方，回避型は自らの困難な学校経験に伴う教師への不信感もあって，連携というよりも，そのまま職務を外部化するほうが望ましいといった意識が強いように思われた。

②子どもに対する教師の影響（「全人的影響」……逸脱型・同化型＞回避型）

　教師の子どもに対する影響・感化については，インタビューでは具体的に学力と人間性の両面についてたずねた。逸脱型のⅠbは「授業中とか落ち着かなかったので，多動症違うかって言われたり」した自らの経験を引き合いに，「先生たちが子どもの，例えば家庭環境であったりとか，子どもの言動が何を意味しているのかというのをくみ取ってあげるっていうのが，すごい大事だと思っていて。そういうようなのをくみ取ってあげると，やっぱり子どもはいい方に行くと思います」とその影響を強調する。Ⅰa（逸脱型）も自らの家庭に不安を感じていたことを述べたのちに，「その先生とか，養護教諭とか，そういう人

らのサポート次第で，なんぼでも変わると思いますね。その人の人間性という
か，もっと言うたら人生とか変わっていくような気がします」と述べている。
同化型のⅡdも「人間性も，（中略）自分自身が変わって，もともとそういうタ
イプじゃなかったのにリーダー活動をするようになったというところから，絶
対やっぱり何かしらと変わってくることはあると思います」。Ⅱb(同化型)も「少
なからず，僕は人間性とか学力が変わったんで，指導の力量でやっぱ変わるの
かなと思っています」と，教師から自らが受けた過去の影響をふまえて回答し
ている。

　これに対し，回避型のⅢbは，「学力はそりゃ，先生の指導の力量で変わっ
てくるかもしれないけど」として学力に対する影響は認めている。一方，「本
人がどうしていくかによって人間性ってのはまた変わると思うから，なんか
100％教師の指導の力量で変わってくることはないのかなって思います」と，
人間性への影響についてはやや懐疑的な言及がみられた。

　つまり，教師との接触が高かった逸脱型と同化型は，自らが教師から受けた
教育的影響をふまえ，子どもに対する教師の影響力を強調するケースが多いと
考えられた。しかし，教師との接触を避けてきた回避型は，限定的な影響しか
イメージできない傾向があると推測される。

③教師の社会的地位 (「社会的地位」……同化型＞回避型)

　図7-2でみたように，社会的地位に関わる教職観では，上記2つと異なり，
逸脱型は他の群との間で差がなく，同化型と回避型との間のみ有意であった。
インタビューでは，教師は社会からどのように思われているかについて，その
社会的評価を直接たずねている。かれらの語りからは，学校経験に基づくとい
うより，全般的に報道・家族・周囲からの情報によって判断し，その結果，総
じて教職を低く評価している様子がみてとれた。例えば，Ⅱb(同化型)は，「学
校を題材にしたニュースが多くて，でもそれはだいたい悪いニュースで。学校
が地域社会に貢献しただとか，国の益になったとか，そういうニュースはまる
で見たことがなくて，だいたいいじめだとか，教師が犯罪を犯したとか。何か

学校が，生徒に教えていく立場の人がそういうことをして，何をしているんだという意見は結構聞いていて，大人とか，周りから」という。そして，「自分の親とか，友達の親に教師をどう思いますかと聞いたら，何とも思っていないけど，よくは思ってないと，そういう回答ばかり戻ってきて」と周囲の冷ややかな反応を回顧している。Ⅱc（同化型）も「やっぱり教師が何かその学校で何かすれば，やっぱりものすごく社会的にバッシングを受けたりとかも結構あるので」という。

これに対し，回避型の場合は，周囲からの情報に加え，自らの学校経験がこうした低い評価に拍車をかけていると思われた。Ⅲa（逃避型）は教師に対する社会の視線が厳しくなってきたことを挙げつつ，「私以外にも，同じようなつらい目してきた人らは学校嫌いになっているはずなんですよ，たぶん。そしたら，そういう人らが教師のことをよく言うわけがないですよね」と自身の経験をふまえて示唆している。

基本的に，教員志望者の多くは「教師になることはすごいとなるかもしれないんですけど，社会的評価となったら，そんなにすごくないのかなと思っています」（Ⅱb，同化型）のように，自らは教職の社会的意義を評価しつつも，社会からは厳しくみられていると認識している。こうした側面は周囲やメディア等の情報に基づいて形成される傾向が強い。ただ，回避型のように，自らの学校経験で困難が伴っていた場合，教師への不信感・違和感から，その評価を一層下げてしまう可能性を指摘できよう。

4.　まとめ

本章の内容は一つの教員養成学部のケーススタディであり，教員志望者全般の構成を反映したものではない。当然ながら，各大学の養成課程と教員志望者には，大学の社会的位置や文化・歴史に沿った特性がある。教員養成の開放制の原則に基づいて，多様性をふまえた総合的な分析は今後の課題となる。

しかし，対象を限定したことで，本事例はとりわけ入学者の学力面で統制さ

れた，ある程度均質的な集団といえる。そうした集団でも，Grossman（1991）がいうように，大学入学にいたるまでの学校経験は決して一枚岩ではなく，「観察による徒弟制」の社会化過程により，入学時点ですでに教職に対する一定の異なる方向づけがなされているといえた。例えば，過去の学校経験で教師との関わりが密であった群は，教師の子どもに対する影響が強いと考えていた。こうした教師との出会いにより，かれらは教職に引きつけられた部分が大きいといえる。

　ただし，そこには問題も潜んでいる。「観察による徒弟制」研究では，教員志望者が将来の指導対象として児童生徒を想定する場合，そのモデルに自己をすえて一般化する傾向があるため，多様な教育的背景をもち，学校に順応しがたい子どもの存在が見逃されてしまうという（Grossman 1990, Knowles and Holt-Reynolds 1991）。つまり，現実の児童生徒は，自らが影響を受けたようには，教師の指導的行為をすんなりと受け入れるとは限らない。教師の影響を過度に期待して教壇に立つと，自分の指導に従わない子どもたちに直面した場合，自己の資質を疑うようにもなりかねず，教職意欲の減退につながるかもしれない。

　そもそもすでにみたように，「観察による徒弟制」研究では，学校経験に基づく個別で固有の教育観が強固であるがゆえに，養成段階で学ぶべき内容が自らの教育観に合致しない場合，その内容を吸収しようとせずに排除してしまうと指摘している（Feiman-Nemser 2001, Trotman and Kerr 2001）。こうした事態に陥らないように，養成段階で教えることや学ぶことに関する新たな視野を獲得する前に，教員志望者は，自らの経験に基づいた信念を批判的に検証しなければならないとされる（Feiman-Nemser 2001, p.1017）。その際，例えばLortie（1975）は，学生にかつての恩師について記述させ，その記憶やそれに伴う信念を浮き彫りにして，自己分析する手法を提案している。とすれば，例えば教職課程の授業の折に，対照的な経験をもつ学生同士，つまり学校経験類型の異なる学生間で，それぞれの学校経験や教職観を吟味・議論しあい，自己の経験や信念をゆさぶりにかけて相対化する活動が，教員養成の導入期には有効に働くと思われる。異なった学校経験をもつ学生間の討議を通じ，自身の学校

経験や教職観を別の側面から問い直すことは (例えば, 子どもに対する教師の強い影響をイメージする教員志望者が, 必ずしも子どもたちが教師の存在をそのように受けとめていない状況を認識するなど), より現実的なパースペクティブを獲得していく契機になると考える。

〈注〉
1)　一方, 予期的社会化論に必ずしも依拠せずとも, 被教育体験と教員養成との関係を論じた研究はいくつかみられる。例えば, 三島ほか (2012) は被教育体験と教職意識との関連を, 大坂 (2016) は被教育体験と教科指導における力量形成との関係を, それぞれ分析・考察している。
2)　この時点での志望学校種については, 保育園・幼稚園 22 名 (志望者のうち 9.4 %), 小学校 73 名 (31.3 %), 中学校 61 名 (26.2 %), 高校 65 名 (27.9 %), 特別支援学校・他 12 名 (5.1 %) となった。
3)　ここでの質問紙調査はパネル調査として継続予定のため, 回答には学籍番号を記入してもらい, それを用いて経年のデータを紐付けている。よって, 学籍番号からインタビュー対象者の質問紙調査での回答を追跡できる。ただし, インタビュー対象者以外に対して, 学籍番号から個人を特定して検証することはない, と調査前に説明している。
4)　基本的には教職観に関わるインタビュー項目は, 質問紙調査の内容をより具体的にたずねる形で設定した。しかし, **表 7-3** の結果から分かるように, 全般的に「連携協働性」因子を構成する質問の回答平均値は高い。つまり, 大多数が教師と学校内外における関係者との連携・協働を重要と答えていることになる。ただ, そもそも「そう思わない」という否定的な回答を選択しにくい質問であったとも思われる。インタビューでは回答傾向が分かれやすいように, やや極端なたずね方をしている。

〈引用・参考文献〉
Feiman-Nemser, Sharon, 2001, "From Preparation to Practice: Designing a Continuum to Strengthen and Sustain Teaching", *Teachers College Record*, vol.103, no.6, pp.1013-1055.
Feiman-Nemser, Sharon and Margret Buchman, 1985, "Pitfalls of Experience in Teacher Education", *Teachers College Record*, vol.87, no.1, pp.53-65.
Grossman, Pamela L., 1990, *The Making of a Teacher*, Teachers College Press.
Grossman, Pamela L., 1991, "Overcoming the Apprenticeship of Observation in Teacher Education Coursework", *Teaching and Teacher Education*, vol.7, no.4, pp.345-357.

Kagan, Dona M., 1992, "Professional Growth among Preservice and Beginning Teachers", *Review of Educational Research*, vol.62, no.2, pp.129-169.

川村光，2003，「教師における予期的社会化の役割」『日本教師教育学会年報』第 12 号，pp.80-90.

Knowles, Gary J., 1992, "Models for Understanding Pre-service and Beginning Teachers' Biographies", Ivor F. Goodson ed., *Studying Teachers' Lives*, Routledge, pp.99-152.

Knowles, Gary J. and Diane Holt-Reynolds, 1991, "Shaping Pedagogies through Personal Histories in Preservice Teacher Education", *Teachers College Record*, vol.93, no.1, pp.87-113.

紅林伸幸，1997，「正統的周辺参加理論の教育社会学的一展開」『滋賀大学教育学部紀要　I：教育科学』第 47 号，pp.37-52.

Lortie, Dan C., 1975, *Schoolteacher: A Sociological Study*, The University of Chicago Press.

Mardle, George and Micheal Walker, 1980, "Strategies and Structure: Some Critical Notes on Teacher Socialisation", Woods, Peter ed., *Teacher Strategies*, Croom Helm, pp.98-124.

三島知剛・井上菜美・森敏昭，2012，「教職志望学生の教職意識と小学校時代における教師からの被教育体験への認知との関係」『日本教育工学会論文誌』第 35 巻第 4 号，pp.345-356.

大坂遊，2016，「教職課程入門期における社会科教員志望学生の社会科観・授業構成力の形成過程とその特質」『社会科研究』第 85 巻，pp.49-60.

Pajares, Frank M., 1992, "Teachers' Beliefs and Educational Research", *Review of Educational Research*, vol.62, no.3, pp.307-332.

Shimahara, Nobuo K. and Akira Sakai, 1995, *Learning to Teach in Two Culture: Japan and the United States*, Garland.

Slekar, Timothy D., 1998, "Epistemological Entanglements: Preservice Elementary School Teachers' 'Apprenticeship of Observation' and the Teaching of History", *Theory & Research in Social Education*, vol.26, no.4, pp.485-507.

Smagorinsky, Peter and Meghan E. Barnes, 2014, "Revisiting and Revising the Apprenticeship of Observation", *Teacher Education Quarterly*, vol.41, no.4, pp.29-52.

Trotman, Janina and Trevor Kerr, 2001, "Making the Personal Professional", *Teachers and Teaching*, vol.7, no.2, pp.157-171.

Zeichner, Kenneth M. and Carl A. Grant, 1981, "Biography and Social Structure in the Socialization of Student Teachers", *Journal of Education for Teaching*, vol.7, no.3, pp.298-314.

第8章

「観察による徒弟制」と
教員養成との接続関係

1. はじめに

1.1. 問題の所在

　本章では教員志望者の学校経験が養成段階での学修態度や教育観の変容に与える影響を分析することで，「観察による徒弟制」と教員養成との接続関係を検証する。

　「観察による徒弟制」の重要な論点の一つが，「観察による徒弟制」が教師教育の「かくれた危険」(pitfalls) (Feiman-Nemser and Buchmann 1985) になりうることである。詳細は第6章にて論じたが，その要点は次のとおりである。まず，教員志望者は自らの学校経験に基づき，教育や教師に関わるイメージや信念を強固に形成する (Kagan 1992, Slekar 1998 など)。それは教員養成の段階では容易に変化することがない (Tabachnick and Zeichner 1984)。そのため，教員志望者が教育に関する新たな考え方や革新的な実践方法を受け入れる際，それが障壁になってしまう (Kagan 1992, Labaree 2000, Feiman-Nemser 2001 など)。例えば，大学で学修すべき教育学などの内容が，「観察による徒弟制」の過程で形成された自己の教育や教職のパースペクティブから逸脱していると判断すると，その内容の習得をあえて拒否してしまうという (Feiman-Nemser 2001, Trotman and Kerr 2001)。

　一方，わが国の場合，「観察による徒弟制」の過程が教員養成の効果を減じるのか，学校経験に基づく教職観が養成段階を経ても強く引き継がれていくのか，十分な検証がなされていない。この点にアプローチするには，学校経験の

類型に応じた年次ごとの教職観の変容，あるいは養成課程での学修や実習に取り組む姿勢の変化などを検証する必要がある。

　さて，前章では，教員養成学部新入生における学校経験の類型化を試み，その上で類型ごとの教職観の特徴を示した。結果として，教員志望学生の学校経験は学校文化への同化を中心とするものの，決して一枚岩ではなく，学校での活動に消極的であったり，ネガティブな経験を有する者などが一定数存在するなど，学校文化の中心から距離を置いていた学生の類型が析出された。また，類型ごとに教職観の明確な相違がみられており，各々の「観察による徒弟制」に応じて，教職に向けた異なる社会化がなされていると考えられた。

　では，入学して一定期間経過後，学校経験により異なっていた教育観はどう変容するのか。そして実際に，「観察による徒弟制」と養成教育との間にはいかなる関係があり，そこには齟齬が生じうるのだろうか。本章では「観察による徒弟制」がもたらす大学入学後の影響，とりわけ養成教育への影響を検証したい。具体的には，第 7 章の新入生調査で確認された学校経験の類型に応じて，2 年次になって①教職志望に変化が生じたのか，②学修態度に相違がみられたのか，③学校観・教職観が変容したのかを検証する。

　そもそも，学校経験（被教育体験）と養成教育との接続に関する研究は少なく，教師教育においてその両者をいかにつなぐかという視点は希薄であった。これまで，わが国の教師教育では養成教育と入職後の現場で求められる力量との齟齬や，養成と研修との非連続性が長く課題とされてきた（今津 1996 など）。一方，養成以前の過程と養成段階との関係を問うことはほとんどなかった。本章の分析により，養成以前の予期的社会化過程と大学での養成教育とのよりよい接続に向けて，有効な知見を提示できると考えている。

1.2. 分析の対象

　本章では調査③ B 大学（国立大学教員養成学部）で実施した質問紙調査・面接調査の 2017・2018 年の 2 時点データを用いる。初年度（2017 年）調査の詳細は前章で述べているため，ここでは 2 年目（2018 年）調査について概説する。

　質問紙調査は，第7章の新入生調査からちょうど1年経過後である2018年4月に，2年生となった同じ被験者群に調査を実施した。サンプル数は218名（全2年生246名のうち88.6%）となった。このうち，教員を志望していると回答（「とてもなりたい」と「ややなりたい」の合計）したのは187名であり，サンプルの85.8%を占めた。新入生調査時には教員志望が95.0%であり，約1割程度落ち込んでいる[1]。

　なお本章では，1年間の変化を検証するために，新入生時の質問紙調査のデータからえられた4つの学校経験類型（前章を参照。「Ⅰ逸脱型」「Ⅱ同化型」「Ⅲ回避型」「Ⅳ消極型」）を活用している。

　次に，2年目の面接調査であるが，初年度と同様，半構造化面接法にて2018年6・7月に実施した。対象者は質問紙調査対象者から協力者を募集して選定した。その結果，被験者は17名となった。うち10名は昨年度に引き続いての実施である。上記の学校経験類型と照合すると，被験者の内訳は，Ⅰ逸脱型3名，Ⅱ同化型6名，Ⅲ回避型3名，Ⅳ消極型5名となった。

2.　分析結果

2.1.　学校経験類型と教員志望の変化Ⅰ

　まず，過去の学校経験の類型に応じて，新入生時点と2年生時点で教員志望の程度が異なるのかを検証した。教員志望については，新入生，2年次調査とも「現在，教師になりたい気持ちは，次のうちどれにあてはまりますか」（「とてもなりたい」「ややなりたい」「あまりなりたくない」「全くなりたくない」の4件法）とたずねている。

　2時点での平均値の変化（二元配置分散分析〔対応あり〕）をみた結果が図8-1である。多重比較をみると，学校経験類型の間では，Ⅰ逸脱型とⅡ同化型が，Ⅲ回避型に対して有意に教員志望が高くなっている。しかし，新入生時と2年次の間，すなわち1年間の変化については，主効果のみが有意である点から，いずれの類型でも新入生時に比べて2年次に教員志望の程度が減じていること

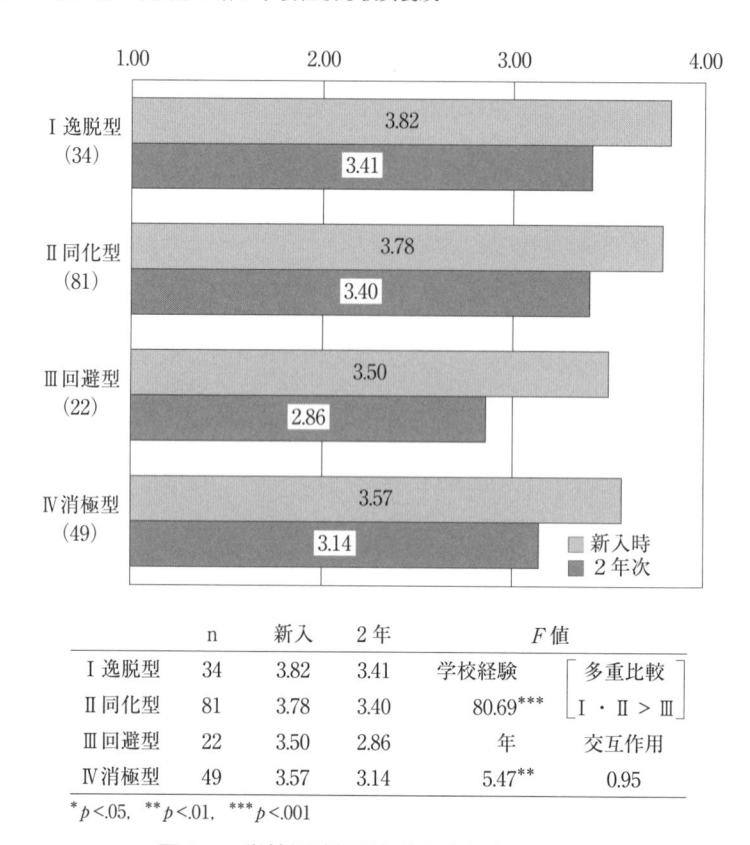

	n	新入	2年	F値	
I 逸脱型	34	3.82	3.41	学校経験	［多重比較
II 同化型	81	3.78	3.40	80.69***	I・II＞III ］
III 回避型	22	3.50	2.86	年	交互作用
IV 消極型	49	3.57	3.14	5.47**	0.95

*$p<.05$, **$p<.01$, ***$p<.001$

図8-1：学校経験類型と教員志望度の変化①

（二元配置分散分析，n=186）

が分かる。これまで養成段階での教職意識の変化については，「2年次教職志向減退傾向」（今津 1978, p.20）が広く確認されてきた。これが学校経験類型のいずれにもみられたことになる。

2.2.　学校経験類型と教員志望の変化II

　ただ，この点をもう少し詳細にみていきたい。教員志望度の1年間の動きをカテゴリにして，今一度，学校経験類型ごとに確認してみよう。具体的には，教員志望度を3つに分類し（「高」：とてもなりたい，「低」：ややなりたい，「無」：

あまりなりたくない，全くなりたくない），新入生時から2年次にかけての志望の変化を次の4つにカテゴリ化した。

① 「高」維持：新入時の「高」志望を2年次もそのまま維持している群
② 「低」下降：新入時の「高」志望が2年次は「低」に下降した群
③ 「低」維持：新入時の「低」志望を2年次もそのまま維持している群
④ 「無」志望：新入時いずれの志望度であろうと2年次に「無」となった群

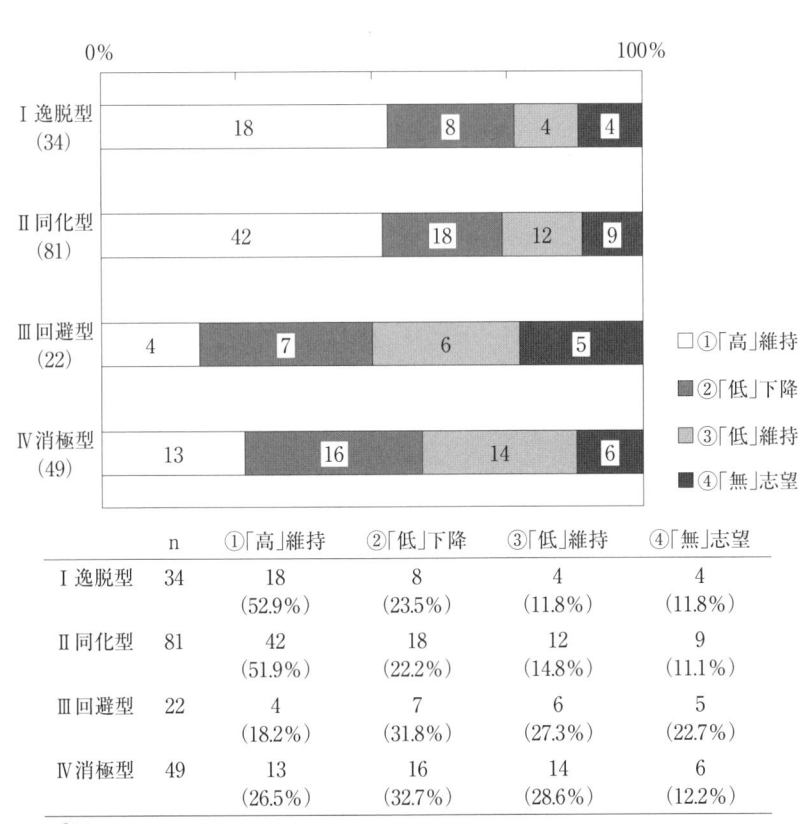

	n	①「高」維持	②「低」下降	③「低」維持	④「無」志望
Ⅰ逸脱型	34	18 (52.9%)	8 (23.5%)	4 (11.8%)	4 (11.8%)
Ⅱ同化型	81	42 (51.9%)	18 (22.2%)	12 (14.8%)	9 (11.1%)
Ⅲ回避型	22	4 (18.2%)	7 (31.8%)	6 (27.3%)	5 (22.7%)
Ⅳ消極型	49	13 (26.5%)	16 (32.7%)	14 (28.6%)	6 (12.2%)

$\chi^2(9) = 16.96,\ p < .05$

図8-2：学校経験類型と教員志望度の変化②
(χ^2検定，n=186)

　これらを集計したのが**図 8-2** である。もともと志望の高かった者に着目しよう。Ⅰ逸脱型とⅡ同化型では約半数が①「高」維持である。そして，②「低」下降，すなわち高い志望を減退させた者の比率は 20 ％程度であって，それほど多くない。一方，Ⅲ回避型とⅣ限定型の場合，①「高」維持の比率がそれぞれ 18 ％，25 ％程度と低い。さらに，②「低」降下の比率がそれぞれ約 3 割もいる。このことは，新入生時に志望の高かった者の半数以上が 2 年次には弱まったことを示す。後者の 2 類型は学校文化の中心から距離のあった経験群であり，こうした経験は養成段階にて志望の減退を一層促進してしまう効果があると考えられる。

2.3.　学校経験類型ごとの教員志望減退の背景

　では，教員志望の減退には，学校経験類型ごとにいかなる背景を見いだせるだろうか。面接調査の結果から，教員志望が減退した学生をとり上げ，その理由を確認しておこう（以下，ⅠA ～ⅣE：調査対象者，日付はインタビュー実施日）。

　例えば，同化型のⅡA（女性，高校志望，2018/6/13）は，「いま授業でも模擬授業とかもやるようになってから，やっぱり教師という職業は難しいなという思いになって，それも言ったら，その難しさというのも教師の醍醐味というのも分かっているんですけども。ちょっと自分がそういう授業をしていくのが，どこまでできるのか，ちょっと不安の方が大きくなってきて」と，大学での模擬授業によって，自らの教職適性にゆらぎが生じたと述べている。また，ⅡB（男性，小学校志望，2018/6/20）の場合，「2 回（筆者注：2 年生）になって教育法になってから，先生ってこんなことしなあかんのやなとか。どの教科もオールマイティーにしなあかんし，なんか仕事量の多さとかに対して，できるんかなって」と，教師の仕事の多様さや仕事量に不安を抱くようになったと吐露している。ここからは，教師の職務に対して具体的な理解が進むなど，いわば「教職の現実化」が進むなかで，徐々に自らの教職への適性に懸念が生じたものととらえられよう。

　この「教職の現実化」による適性不安の高まりは，Ⅲ回避型，Ⅳ限定型の学

生にも共通する部分が確認できる。これはおそらく「2年次教職志向減退傾向」の背景の中心と考えられる。一方，Ⅲ，Ⅳの類型には次のような特徴がみられた。例えば，回避型のⅢA（女性，小学校 or 中学校 or 高校志望，2018/6/27）は，「授業とか受けてて，周りが実習に行ってはる人とかも見てて，こんなことが私にできるんだろうかみたいな感じが結構あって。なりたくないわけじゃないけど，向いてるのかなっていう」。教員養成学部生で最も多い類型はⅡ同化型であったが，そうした学生と比較して，自己の教職適性に対して懐疑的になった様子がうかがえる。さらに，消極型のⅣA（女性，特別支援学校志望，2018/6/20）は，「教職の授業を受けてるなかで，もともとできると，そんなに自分にできると思ってたわけではなくって，先生っていう仕事が」という。その上で，「自分がそういうの（筆者注：学校でのまとめ役など）を得意なタイプだとは思ってなかったっていうのもあって。……なんか，できないと思っている人がやること自体，ちょっとまずいんじゃないかなっていう。なりたいけど，ならん方がいいだろうなっていう不安はでてくるようになりました」と述べている。つまり，教職の授業を契機に，過去の学校経験が問い直され，改めて自らの教職の適性に疑問が生じたとみることができよう。

　つまり，準拠集団としてⅡ同化型の学生に接したり，自己の学校経験を振り返ったりなど，Ⅲ回避型，Ⅳ消極型の学生は，過去の学校経験とのかねあいにより，自身の教職適性に懐疑的な見方が生じやすい。両類型で教職志向の高い学生が志望を減退させるのには，こうした背景が関係していたと推測される。

2.4.　学校経験類型と養成教育 1 年間の学修態度

　続いて，過去の学校経験が養成段階での学修態度にどのような影響をもたらしているかを確認しよう。2年生対象の質問紙調査では，「大学生活を振り返って，次のことはどの程度あてはまりますか」として，大学 1 年間の学修態度をたずねている（「あてはまる」「ややあてはまる」「あまりあてはまらない」「あてはまらない」の 4 件法）。

　図8-3 は A 〜 F の 6 項目について，学校経験類型ごとの平均値をみたもの

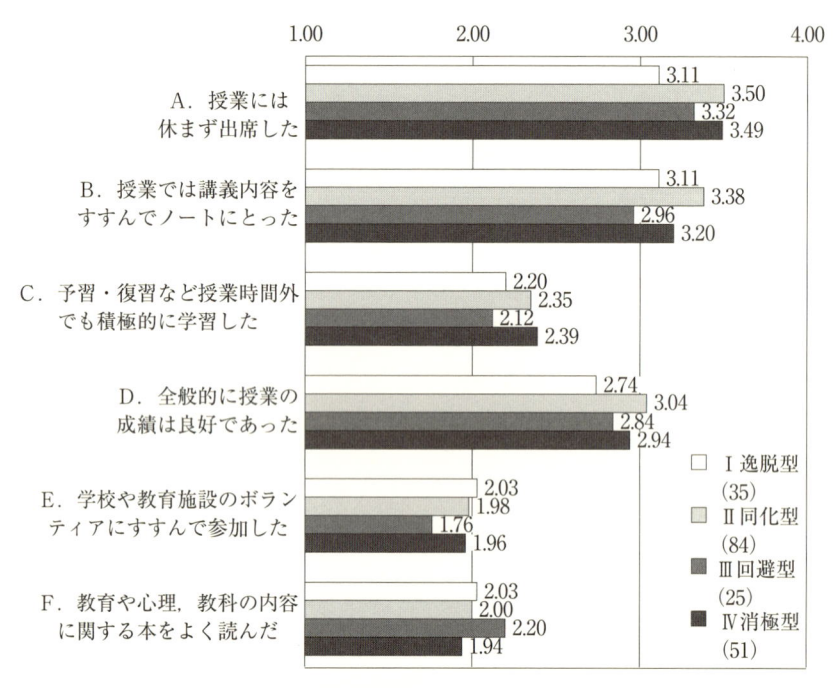

図8-3：学校経験類型と教員養成学部生の学修態度①（平均値，n=195）

である。このうち，出席状況など授業態度については，おおむね3を超えており，全般的には良好と思われる。ただ，この学修態度は，教職への動機づけが強い者ほど学修意欲が高いというように，教員志望の程度が関係していると想定される。よって，教員志望度を加味した上で，学校経験類型と大学での学修態度との関係について分析を行った。具体的には，従属変数に学修態度（A～Fの6変数），独立変数として学校経験類型（4カテゴリ），教員志望の変化（「上昇維持」，「減退」の2カテゴリ）を設定し，二元配置分散分析（対応あり）を実施した。

　結果が**表8-1**である。学校経験の類型によって有意差が生じたのは，「A. 授業には休まず出席した」の項目である。多重比較の結果，Ⅰ逸脱型がⅡ同化型とⅣ消極型に比べて，教員志望の変化にかかわらず，授業への出席傾向が弱

表 8-1：学校経験類型と教員養成学部生の学修態度②（二元配置分散分析，n=184）

		n	上昇維持	減退	F 値		
			教員志望変化				
A. 授業には休まず出席した	Ⅰ逸脱型	34	3.18	2.92	学校経験	志望度	
	Ⅱ同化型	80	3.57	3.31	3.66*	2.28	多重比較
	Ⅲ回避型	21	3.30	3.27	交互作用		Ⅱ・Ⅳ＞Ⅰ
	Ⅳ消極型	49	3.56	3.45	0.30		
B. 授業では講義内容をすすんでノートにとった	Ⅰ逸脱型	34	3.32	2.67	学校経験	志望度	
	Ⅱ同化型	80	3.37	3.42	3.13*	6.99**	多重比較
	Ⅲ回避型	21	3.10	2.91	交互作用		n.s.
	Ⅳ消極型	49	3.44	2.95	2.33		
C. 予習・復習など授業時間外でも積極的に学習した	Ⅰ逸脱型	34	2.36	1.92	学校経験	志望度	
	Ⅱ同化型	80	2.46	2.08	1.10	1.23	
	Ⅲ回避型	21	2.00	2.27	交互作用		
	Ⅳ消極型	49	2.41	2.41	1.65		
D. 全般的に授業の成績は良好であった	Ⅰ逸脱型	34	2.91	2.42	学校経験	志望度	
	Ⅱ同化型	80	3.07	2.96	1.51	4.01*	
	Ⅲ回避型	21	3.00	2.91	交互作用		
	Ⅳ消極型	49	3.15	2.77	0.59		
E. 学校や教育施設のボランティアにすすんで参加した	Ⅰ逸脱型	34	2.18	1.67	学校経験	志望度	
	Ⅱ同化型	80	1.98	1.85	0.07	2.27	
	Ⅲ回避型	21	1.80	1.91	交互作用		
	Ⅳ消極型	49	2.15	1.77	0.68		
F. 教育や心理，教科の内容に関する本をよく読んだ	Ⅰ逸脱型	34	2.18	1.75	学校経験	志望度	単純主効果
	Ⅱ同化型	80	2.04	1.88	0.38	0.00	Ⅲ：減退＞維持上昇
	Ⅲ回避型	21	1.70	2.64	交互作用		減退：Ⅲ＞Ⅳ
	Ⅳ消極型	49	2.11	1.77	3.27*		$\left(\begin{array}{l}p<.10\cdots\\ 減退：Ⅲ＞Ⅰ・Ⅱ\end{array}\right)$

* $p<.05$．　** $p<.01$．　*** $p<.001$

かった。一方，「B. 授業では講義内容をすすんでノートにとった」も，F 値が有意になったが，多重比較ではそれがみられなかった。[2)]

2.5.　逸脱型の授業出席状況と授業に対する意味づけ

　このように，学校経験と学修態度との関係で浮かび上がってきたのは，Ⅰ逸脱型の授業出席傾向が相対的に低いことである。この点を面接調査の結果から追証しておきたい。

　全般的に，面接調査の対象となった学生の多くは，原則として大学の授業を休むことはないと答えていた。しかし，Ⅰ逸脱型の学生は必ずしもそうではない。例えば，ⅠA(女性，高校志望，2018/6/18) は，1年間の大学での授業を「めちゃくちゃ休みました」，「1限は基本，遅刻ですね」と述べる。そして，「私，学校のいまの教育に疑問を抱いているんですよ。なので，それに即した感じの大学の授業にも同じように疑問を抱いているという感じですかね」というように，大学の授業そのものに疑義を呈していた。また，同じく逸脱型のⅠB(男性，中学or高校志望，2018/6/28) は，「基本は休まないんですけど，たまに，課題がやばいみたいなときは，授業，出席点がないやつか，出席しても，なんか『うーん』みたいなやつは，たまに休んで，みたいな感じがあったりします」という。出席点という拘束がなかったり，自身が内容に疑問を感じる授業に対しては，休むことへの躊躇がなくなる様子がうかがえる。

　このように，児童生徒時代の逸脱的な学校経験は，養成段階での授業出席傾向に関係していた。その要因として，大学以前での学校生活における性行が大学でもそのまま引き継がれていることが考えられる。一方，Ⅰ逸脱型には大学での授業や学修内容に不満をいだく傾向も見いだされ，それが出席への意識を弱めたことも一因と推測される。

2.6.　学校経験類型と学校観・教職観の変容

　さらに，学校経験の類型に応じて，新入生時と2年次の間で学校観・教職観に変化が生じたかを検証していきたい。学校観・教職観については，新入生調査，2年生調査とも，「次の学校 (教師) に関する考え・意見に対し，あなた自身はどのように思いますか」と前置きし，具体的な内容をたずねている (学校観：8項目，教職観：13項目，いずれも「とてもそう思う」「ややそう思う」「あまりそう

思わない」「全くそう思わない」の 4 件法）。このうち，新入生調査の学校観に関する質問群に対して因子分析を行った結果，次の 2 つの因子が抽出された。[3]

第 1 因子：「学校分業観」

　専門家，地域人材など外部と連携し，学校の分業化を進めることを積極的に評価する質問群から構成

第 2 因子：「学校効力観」

　学校知の効用や学校の意義を高く評価する質問群から構成

　また，新入生調査の教職観に関する質問群に対して因子分析を行った結果は，すでに第 7 章で示したとおりである（**表7-4**）。改めて確認しておくと，次の 4 つの因子が抽出されている。

第 1 因子：「職務自律性」

　教師の仕事の自律性を問う質問群から構成

第 2 因子：「連携協働性」

　同僚や専門職，保護者との関係性や協働性を問う質問群から構成

第 3 因子：「全人的影響」

　教師の子どもに対する学力や人格への影響と自己犠牲といった教師の聖職者観を問う質問群から構成

第 4 因子：「社会的地位」

　教職の社会的評価，専門職性等を問う質問群から構成

　本分析では，得られた各因子を構成する質問群の平均値をサンプルごとに算出し，変数化した。そして，この手続きで得られた学校観・教職観の 6 つの変数を従属変数とし，学校経験類型（4 カテゴリ）と学年（2 カテゴリ：新入生時，2 年次）を独立変数とする，二元配置分散分析（対応あり）を実施した。これにより，学校観・教職観に対する，学校経験類型と年次変化の影響を確認することができる。

　表8-2 が結果である。まず，学校経験の類型間に違いがなく，年を経て有意に変化するものとして，「学校分業観」と教師の「社会的地位」が挙げられる。両者とも新入生時よりも 2 年次のほうが高く評価していた。これらは，学校の

表 8-2：学校経験類型と学校観・教職観の変化（二元配置分散分析，n=195）

		n	新入	2年	F値		
(a) 学校観	Ⅰ逸脱型	35	2.42	2.66	学校経験	学年	
学校分業観	Ⅱ同化型	84	2.29	2.49	1.33	18.07***	
	Ⅲ回避型	25	2.51	2.55	交互作用		
	Ⅳ消極型	51	2.24	2.49	0.95		
学校効力観	Ⅰ逸脱型	35	3.07	2.94	学校経験	学年	
	Ⅱ同化型	83	3.14	3.11	6.00***	0.68	多重比較
	Ⅲ回避型	25	2.81	2.81	交互作用		Ⅱ＞Ⅲ，Ⅳ
	Ⅳ消極型	50	2.93	2.98	1.20		
(b) 教職観	Ⅰ逸脱型	34	2.56	2.64	学校経験	学年	
職務自律性	Ⅱ同化型	85	2.57	2.61	0.70	1.32	
	Ⅲ回避型	25	2.56	2.57	交互作用		
	Ⅳ消極型	51	2.44	2.52	0.11		
連携協働性	Ⅰ逸脱型	34	3.57	3.49	学校経験	学年	
	Ⅱ同化型	85	3.51	3.52	3.02*	0.25	多重比較
	Ⅲ回避型	25	3.32	3.37	交互作用		n.s.
	Ⅳ消極型	51	3.33	3.43	0.98		
全人的影響	Ⅰ逸脱型	34	3.25	3.32	学校経験	学年	
	Ⅱ同化型	84	3.09	3.16	4.89**	1.14	多重比較
	Ⅲ回避型	25	2.93	2.91	交互作用		Ⅰ＞Ⅲ
	Ⅳ消極型	51	3.09	3.16	0.24		(p＜.10…Ⅱ＞Ⅲ)
社会的地位	Ⅰ逸脱型	35	2.69	2.92	学校経験	学年	
	Ⅱ同化型	83	2.80	2.74	1.13	4.31*	単純主効果
	Ⅲ回避型	25	2.61	2.65	交互作用		Ⅰ：2年＞新入
	Ⅳ消極型	51	2.73	2.82	3.57*		

*p＜.05，**p＜.01，***p＜.001

役割，教師の専門職性に関する教育観といえよう。

　一方，1年を経ても変化がなく，類型により有意差が生じているのが，「学校効力観」と教師の「全人的影響」であった。「学校効力観」は，Ⅱ同化型がⅢ回避型とⅣ消極型に比して有意に高くなっている。また，「全人的影響」については，Ⅰ逸脱型がⅢ回避型に対して，また10％水準ではあるが，Ⅱ同化型がⅢ回避型に対して，それぞれ高い値を示していた。以上の2つは，学校と

教師の影響力に関わる教育観といえるだろう。

2.7. 学校・教師の影響に関する学校経験類型ごとの教育観

　では，なぜ学校や教師の影響に関する教育観では，学校経験類型ごとに違いがあり，1 年を経ても変わらなかったのだろうか。面接調査では，子どもの学力や人間性に対する教師の影響をより具体的にたずねている。その結果から考察したい。

　教師の影響を高く評価する I 逸脱型において，IC（男性，中学 or 高校志望，2018/6/28）は，「（筆者注：教師によって子どもは）かなり変わるんじゃないかと思います。俺がめちゃめちゃ影響受けたので，より思うんだと思うのですけれども。たぶん，少なからず，いい影響，悪い影響，あるとは思うのですけれども，影響は絶対に受けると思います」と，自らの経験をふまえて教師による感化の力を強調している。同じく教師の影響を高く見積もる II 同化型でも，例えば II C（女性，高校志望，2018/6/13）は，「学力はやっぱり，とくに私がそうだったのもあるんですけど，先生が合う合わないで結構成績が変わったりだとか，高校のときに 1 年生から 2 年生に上がって先生が替わったときに，その教科に対するやる気とかもちょっと変わったりした」と，自身の経験に基づき，教師によって生徒の学力が大きく変わると指摘している。

　これに対し，教師の影響を低く評価する傾向のある回避型の場合，III B（男性，小学校志望，2018/6/25）は，影響を受けた教師の存在について「全然ないです」とし，「教師像とかって，多分結構影響を受けた教師の方とかを割とそのまま教師像にしたりする人は多いと思うんですけど，それがないんで。教師像はそもそも全然ないですね」と述べている。つまり，影響を受けた教師の不在は，自らが求める教師像や教師の影響をイメージできないことにつながると推測される。

　以上から，次のように考察できよう。「学校効力観」や「全人的影響」といった学校や教師の影響に関わる教育観は，主に自らの学校時代での経験に根ざして形成されるものである。それだけに深く内面化されており，養成の初期段

階では変わりにくい。そもそも，こうした教育観は，大学での授業で知識として伝達される類のものでは必ずしもない。一方，「学校分業観」や教師の「社会的地位」といった学校の役割，教師の専門職性に関する教育観は，大学の講義などで知識として伝達が可能である。また，必ずしも自らの経験に基づいて生成される教育観でもない。よって，全般的に養成教育を経るなかで変容しやすいと考えられる。

3. まとめ

　あくまでも一つの教員養成学部を対象とした事例研究であるが，本章で得られた知見により，わが国における「観察による徒弟制」と教員養成との接続関係を考える上で，いくつかの興味深い論点を提起できたと思われる。

　まず，「観察による徒弟制」と教員志望の程度との関係である。学校経験の類型すべてにおいて，2 年目に教職志向は減退していた。ただし，過去の学校生活で学校文化の中心からは距離をおいてきた学生（Ⅲ回避型，Ⅳ消極型）は，とくに高い教職志望が冷却されやすいことが分かった。このままⅢ回避型やⅣ消極型が教職への意欲を弱め，教職を選択しなくなるとすれば，学校文化に同化的な経験をもつ者だけが教職に残ることになる。児童生徒時代に学校文化により適応していた者が，教職に就いて以降，教員文化の中核を担うとすれば（川村　2003），そもそも学校文化に適応していなかった者は，養成段階までに多くが教職への道を自ら離脱していく可能性がある。そうなると，養成教育が教職に就く者を選別し，結果的に学校文化，教員文化の再生産を促すといったメカニズムを確認できるかもしれない。

　続いて，養成段階での学修態度についてである。反学校文化の経験が目立った学生は，授業の出席傾向が低く，養成段階でも過去の学校での態度を引き継いでいると考えられた。この逸脱型は教員志望が高い一方，授業に対する不満や疑問をもつ者もいた。Feiman-Nemser（2001）らが指摘する，自らの意に沿わない場合に養成での学修を自発的に放棄してしまう「観察による徒弟制」の

問題は，このタイプの学生が中心となって引き起こされている可能性がある。

　最後に，教育観の問題である。本章の結果から，教育観には養成教育 1 年間のうちに全体で変化するものと，学校経験の類型で固定化されているものがあった。このうち，変化するのは学校経験に根ざさない教育観と考えられた。こうした教育観は，関連する知識を養成段階にて習得し錬磨が可能であるため，変化が比較的容易であると考えられた。一方，学校経験の類型によって違いが明確で，かつ変容しないのは，自らの学校での経験に直接根ざした教育観であると推測された。自身の経験に由来するがゆえに，強く内面化していると思われる。「観察による徒弟制」の過程で生成される教職観・学校観は非常に強固であり，養成教育ではたやすく変わらないとされるが (Tabachnick and Zeichner 1984)，直接的な経験によって強く印象づけられ，内面化された教育観こそがまさにそれに該当すると考えられる。

　この点に関し，「観察による徒弟制」に基づく教育観の特徴は，保守的，ときに権威主義的であると指摘されてきた (Lortie 1975，Johnson 1994 など)。過去の教師による授業のあり方や指導方法，学校の子どもへの影響をそのまま当然視することは，保守的な教育観の維持につながる可能性がある。そして，このことは教員養成にとって必ずしも有益ではない。というのも，そうした固定的な教育観は，教育に関する新たな考え方や革新的な実践を受け入れる際，障害になりうるためである (Kagan 1992，Labaree 2000，Feiman-Nemser 2001 など)。例えば，逸脱型や同化型にみられる「学校が楽しい」「行かないことが考えられない」というような，無条件に高く評する学校観・教職観が維持された場合，学校になじまない子どもを無意図的に追い込むような実践につながりかねない。

　すでにみたとおり，「観察による徒弟制」の先行研究では，こうした固定化した教育観をいかに克服するかが論点になってきた。ただし，本章でみたように，教育観には変容しやすいものとそうでないものがあること，そして，教師の影響力といった自らの直接的な経験に根ざした教育観は変化が生じにくい点には十分留意すべきであろう。

〈注〉

1) 2年次の教員志望における学校種の内訳は，保育園・幼稚園が10名（5.4 %），小学校が73名（39.2 %），中学校が46名（24.7 %），高校が44名（23.7 %），特別支援学校・その他が13名（7.0 %）であった。

2) また，「F. 教育や心理，教科の内容に関する本をよく読んだ」では，学校経験と教員志望の交互作用が有意であった。具体的に単純主効果をみると，この読書傾向については，Ⅲ回避型に限って，志望が減退した者にその傾向の強いことが分かった。また，教員志望が減退した者のなかでは，Ⅲ回避型がⅣ消極型に比べて読書傾向が有意に高かった。

3) 学校観の因子分析の結果は，**表8-3**のとおりである。固有値の変遷から判断し，2つの因子を抽出した。一方，教職観の因子分析については，第7章（**表7-4**）の結果をそのまま用い，4因子を本章の分析に活用した。

表8-3：学校観の因子分析（n=236）

	第1因子 学校分業観	第2因子 学校効力観
G．学校のクラブや部活動の指導は，学校外の人材に任せるべきと思う	**0.60**	−0.05
F．子どもの心の問題は，学校が担うよりも，心理の専門家に委ねたほうがよい	**0.56**	0.01
H．学校は生徒指導に関して警察に協力を求めるべきだ	**0.55**	0.07
E．子どもは，必ずしも学校に行く必要はないと思う	**0.37**	−0.08
B．マスコミから得た知識よりも，学校で学ぶ知識に価値がある	0.07	**0.67**
A．学校は家庭よりも子どもの生育への影響が大きい	−0.09	**0.41**
C．学校では教科の学習より人格形成の方が大事だ	0.06	**0.33**
D．学校で得た知識は社会生活を送る上で役に立つ	−0.13	**0.31**
固有値	1.91	1.50
回転後の因子寄与	1.17	0.85

注：最尤法，Kaiserの正規化を伴うプロマックス法による。

因子相関行列

	第1因子	第2因子
第1因子	1.00	
第2因子	−0.10	1.00

〈引用・参考文献〉

Feiman-Nemser, Sharon, 2001, "From Preparation to Practice: Designing a Continuum to Strengthen and Sustain Teaching", *Teachers College Record*, vol.103, no.6, pp.1013-1055.

Feiman-Nemser, Sharon and Margret Buchman, 1985, "Pitfalls of Experience in Teacher Education", *Teachers College Record*, vol.87, no.1, pp.53-65.

今津孝次郎, 1978, 「学生の内的側面からみた教師養成過程」『三重大学教育学部研究紀要』第 29 巻第 4 号, pp.17-33.

今津孝次郎, 1996, 「岐路に立つ教師教育」『教育学研究』第 63 集第 3 号, pp.294-302.

陣内靖彦, 1987, 「教員キャリアの形成における教員養成と教員研修」『教育学研究』第 54 巻第 3 号, pp.300-309.

Johnson, Karen E., 1994, "The Emerging Beliefs and Instructional Practices of Preservice English as a Second Language Teachers", *Teaching and Teacher Education*, vol.10, no.4, pp.439-452.

Kagan, Dona M., 1992, "Professional Growth among Preservice and Beginning Teachers", *Review of Educational Research*, vol.62, no.2, pp.129-169.

川村光, 2003, 「教師における予期的社会化の役割」『日本教師教育学会年報』第 12 号, pp.80-90.

Labaree, David F., 2000, "On the Nature of Teaching and Teacher Education", *Journal of Teacher Education*, vol.51, no.3, pp.228-233.

Lortie, Dan C., 1975, *Schoolteacher: A Sociological Study*, The University of Chicago Press.

Slekar, Timothy D., 1998, "Epistemological Entanglements: Preservice Elementary School Teachers' 'Apprenticeship of Observation' and the Teaching of History", *Theory & Research in Social Education*, vol.26, no.4, pp.485-507.

Tabachnick, Robert B. and Kenneth M. Zeichner, 1984, "The Impact of the Student Teaching Experience on the Development of Teacher Perspectives", *Journal of Teacher Education*, vol.35, no.6, pp.28-36.

Trotman, Janina and Trevor Kerr, 2001, "Making the Personal Professional", *Teachers and Teaching*, vol.7, no.2, pp.157-171.

第9章

「観察による徒弟制」の
克服に向けて

1. はじめに

1.1. 問題の所在

　教育学者の広田照幸は，教員志望学生における被教育体験を，次のように論じている。

> 　自分の体験というのは，教育学を学ぶうえで意味がないわけはないのだが，でもやはり狭い。教育学という学問との間に距離がある。教員志望の学生が，「自分も教員になって，（自分が受けてきた）××のような教育をやりたい！」とあまりに強く思っているような場合には，それ以外のものが目に入らなくなる。「自分の狭い体験」が絶対化されてしまうのだ。
>
> 　そういう学生には，教員採用試験に役立つ内容以外はムダな知識として映ってしまう。「教育とは何か」を深く考えさせてくれるはずの教育史や教育哲学の授業が，小難しくつまらない事実や学説の羅列に感じられてしまう。現実の教育の幅広さや奥行きを知ることができる比較教育学や教育社会学の授業が，教員としての仕事に無関係なものに見えてしまう。
>
> （広田 2019，p.219）

　養成教育を担う大学教員の多くが共有すると思われるこの指摘は，まさに「観察による徒弟制」の問題に起因している。本章は主に教員養成学部生の面接調査の結果から，「観察による徒弟制」が養成教育に及ぼす影響を検証し，その

上で「観察による徒弟制」に起因する課題の克服について考察する。

　児童生徒として過ごす長期の学校生活で，教員志望者は，学校とはいかなる場であり，教師にはどういった振るまいが求められているかといった，学校や教師についての一定の価値観，思考・行動様式を内面化していく。この「観察による徒弟制」に対し，一連の研究では教師教育の「かくれた危険」(pitfalls) (Feiman-Nemser and Buchmann 1985) とみなし，課題視してきたのはすでに論じたとおりである。なかでも，とくに問題になるのは，「観察による徒弟制」が養成教育の効果を弱めてしまう点である。というのも，教員志望の学生は自らの学校経験に基づき，各々が強固な学校観や教職観を形成し (Kagan 1992, Slekar 1998 など)，それは自らの経験に根づくがゆえに，養成教育の段階ではたやすく変化することがない (Tabachnick and Zeichner 1984)。よって，教員志望者は，固定化・硬直化した教育観・教職観によって，新たな教育の考え方や実践方法を吸収することが難しいとされる (Labaree 2000, Feiman-Nemser 2001 など)。

　一方，これまでの「観察による徒弟制」研究では，養成教育への望ましくない影響をどう克服 (overcome) すべきかについて，いくつかの提案がなされてきた。第 6 章でみたように，例えば，学校経験によって深く埋め込まれた自らの教育観を表面化させ，それを自己分析する必要性が指摘される (Lortie 1975)。また，本人の学校生活では遭遇しなかった教師や指導法のモデルを敢えてとりあげ，それを深く探究すべきという提案もある (Johnson 1994)。こうした作業を経て，ようやく学校経験によって深く根づいた学校観・教職観を相対化でき，新たな教育の考えや方法を受容する基盤が形成されるのである。

　しかし，そもそも「観察による徒弟制」を克服するとはどういうことなのか。いったいどのような状態になると克服したといえるのか。この点について，わが国の予期的社会化研究は追究してこなかった。以上の解明は，教員志望学生の被教育経験をいかに処すべきかを考えていく際に，重要な手がかりを与えてくれるだろう。

　以上より，本章では教師教育の「かくれた危険」と称される「観察による徒

弟制」の課題を検証し，それを克服するとは具体的にどのようなことかを考察したい。

1.2.　分析の対象

　本章で用いるのは，調査③ B 大学（国立大学教員養成学部）で実施した質問紙調査と面接調査の 2 年次データ，とくに面接調査の内容である。面接調査は2018 年 6・7 月に，2 年生に対して半構造化面接法にて実施した。対象者は 17名である。なお調査は 1 年前の 2017 年 6・7 月，すなわち大学入学当初の 1年生時点でも実施しており，2 年次の教育観・教職観と比較するため，この 1年次実施の面接調査のデータを一部援用した。

　また，本章では 2018 年実施の質問紙調査の結果も一部で活用している。2018 年の質問紙調査は 218 名（全 2 年生 246 名のうち 88.6 ％）のサンプルで構成されている。

2.　分析結果

2.1.　養成教育に対する 2 年次の評価（質問紙調査）

　さて，初年次の教育を経た教員養成学部生は，全般的に養成教育に対してどのような考えをもつのだろうか。図 9-1 は 2 年生 4 月に実施した質問紙調査にて，養成教育への意識を尋ねた 8 項目の回答を集計したものである。

　まず，「①大学の授業は，教師に必要な知識・技術を得る上で意義のあるものか，疑問に感じる」の質問では，「とてもそう思う」（10.6 ％），「ややそう思う」（40.8 ％）の合計が 5 割程度であった。半数の学生が多かれ少なかれ，養成教育としての大学の授業に疑問を抱いていることが分かる。また，「④大学の授業はもっと教育現場の実際を反映すべきである」では，「とてもそう思う」（23.9 ％），「ややそう思う」（53.7 ％）の合計が 7 割を超えていた。大多数の学生は大学の養成教育が教育の現場から乖離しているとみなしている。さらに，「⑤教職科目の授業は，もともと自分がイメージしていた内容と違っていた」の項目でも，

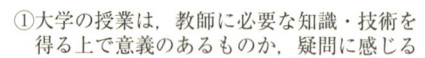
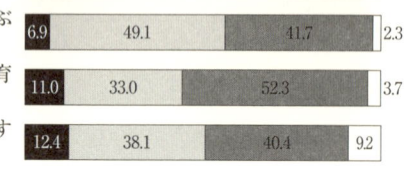

| | ①大学の授業は，教師に必要な知識・技術を得る上で意義のあるものか，疑問に感じる | 10.6 | 40.8 | 45.0 | 3.7 |

図 9-1：教員養成学部 2 年次の養成教育に対する評価 （n=218）

質問項目	とてもそう思う	ややそう思う	あまりそう思わない	全くそう思わない
①大学の授業は，教師に必要な知識・技術を得る上で意義のあるものか，疑問に感じる	10.6	40.8	45.0	3.7
②大学で何を学ぶかということより，単位や教員免許を取得できるかが気になる	14.2	43.6	33.9	8.3
③教師になるためには理論を学ぶより，学校で実践してみることの方が大事である	19.8	58.5	19.8	1.8
④大学の授業はもっと教育現場の実際を反映すべきである	23.9	53.7	22.5	
⑤教職科目の授業は，もともと自分がイメージしていた内容と違っていた	21.1	46.8	28.4	3.7
⑥実際の学校や子どもの様子は，大学で学ぶ教育学や心理学の内容とは異なる	6.9	49.1	41.7	2.3
⑦自分が思い描く教師像と，大学で学ぶ教育や教職との間には大きな溝がある	11.0	33.0	52.3	3.7
⑧大学の授業を受けても，教育や教職に対する自分の考え方は変わらなかった	12.4	38.1	40.4	9.2

■ とてもそう思う　□ ややそう思う　■ あまりそう思わない　□ 全くそう思わない

7 割弱（「とてもそう思う」21.1 ％，「ややそう思う」46.8 ％）が，入学前のイメージと実際との間に相違があったと認めている。加えて，「⑧大学の授業を受けても，教育や教職に対する自分の考え方は変わらなかった」の質問では，「とてもそう思う」（12.4 ％），「ややそう思う」（38.1 ％）があわせて半数ほどであった。教育観や教職観のゆさぶりという意味で，必ずしも養成教育が十分に機能していない可能性を読みとれる。

　このように，全般的に養成教育に対する評価は必ずしも肯定的ではなく，2 つに判断が分かれる傾向にあった。そのなかでは，とくに実践的な内容を養成教育に求める意識が強い。これは一つには調査対象が現場での実習がまだ少ない 2 年生であることに起因するだろう。ただ，伝統的に「養成と現場との落差」（陣内 1987，p.307）が問われ続けてきた教員養成の課題を，現在でも払拭できていないという解釈も可能であろう。

2.2. 養成教育に対する 2 年次の評価 （面接調査）

　こうした教員養成に対する 2 年生の意識については，インタビュー調査でも同様の質問をたずねている。その結果を詳述していきたい（以下，A ～ K：調査対象者，I：インタビュアー＝筆者，日付はインタビュー実施日）。

①教員養成における学術的専門性への違和感

　まず，大学の授業が，教師に必要な知識・技術を得る上で意義があるかという質問については，多くの学生が授業の内容が専門的すぎると指摘する。例えば，A：「この知識はどこで使うんだろうとか，結構，友達としゃべってて，こんなん使わんよとか」（2018/6/13），B：「細かすぎる。専門的すぎてこんなことしても，そんなんちょっとしかせんやんみたいな」（2018/6/20），C：「専門的なことが結構出てきてるんで，もう研究分野がとくに中心となってしゃべられているから，それは教職とちょっと関係ないんじゃないか」（2018/6/25）などである。つまり，学術の専門性と教師に必要な知識との乖離に問題を見いだしている。さらに，D は教育の歴史を学ぶことについて「聞いてる分にはすごく面白いんですけど。これ知っててもな，子どもに接し方，変わらんし」（2018/7/19）と回答している。つまり，興味深い授業内容であっても，教職に結びつかないとの判断から疑問符をつけている。加えて，E：「納得がいかなかったもので，大学の先生はやっぱり，教科書から外れて自分の意見とかを強く持ってる先生とかもいらっしゃる」（2018/6/27）といった意見もみられた。大学教員独自の専門的見解に対して，それが教職には結びつかないのではないかと違和感を抱いている[1]。

　つまり，養成としては，授業があまりにも専門的で教職からかけ離れているという不満が広範囲に共有されていた。これに関連して，F は次のように指摘する。

　　F：確かに入学するまでは，もっと本当に先生になるために授業の仕方とか
　　　　教え方とか，そういうのを先生たちはみんなやっていると思ってて。で

も意外とそうじゃなくて。私がいままで受けてきた高校とか小学校とかの授業の先生たちって，意外とこういうタイプの授業で自分で授業をつくってたんだなと思って，意外と思ったんですけど。

Ⅰ：ああ，本当にリアルに授業の方法を実践的に模擬授業をたくさんしながら，それをずっとやっていくみたいなイメージがちょっとあったのかな。

Ｆ：はい。ずっと教科書と照らし合わせて一緒にずっとやってるんだと思ってました。実際の教科書と，この単元はみたいな感じでやってるんだと思って。

Ⅰ：ああ，なるほどね。

Ｆ：そしたら意外と教育法だったら，（中略）そんなんいままで習ったことないし，これから教えることもないだろうなって思う深いところを教えられて。でも実際にそれを聞いて，ああ，だからあれがああなんだっていうのは分かるんですけど。そういう感じだと思ってなかったです。

（2018/6/20）

　すなわち，Ｆは大学入学以前の教師の様子から，大学の教員養成では授業の方法や技術を習得するのが中心という，いわゆるプロフェッショナリズムに強く傾斜した教員養成をイメージしていた[2]。こうした学生は少なくなく，よって，授業方法・技術を具体的に教授する授業に対しては，逆に評価が高くなる。例えば，Ｅは授業のなかで「一番身近なところで使える，例えば指導の仕方であったり，考え方であったりとかを学べたときに，何か習得できたなって実感できたものとかは，すごいいい」と評している。こうした教師の指導や職務に直結する内容を求める考えが，学究的な授業や養成のあり方，さらにいえばアカデミズムの養成教育に対して疑問を抱く背景にあるといえる。

②教員養成学部における教授方法に対する不満

　次に，多くが共有していた養成に対する不満とは，授業の方法についてである。先ほどのＥは，大学の授業のあり方を以下のようにいう。

Ｅ：聞いてる生徒の反応とかにもかかわらずプログラム的というか，機械のように始めて，終わるっていう先生とかになってくると，生徒の声とか生徒の反応を見ても，響いてないだろうなって実感したときとかに，この授業を受けてる意味はあるのかって感じたりはします。

Ｉ：ああ，なるほどね。

Ｅ：教科書とか書いてあるものをそのまま黒板に書くとか，言うとかになってきたら，それやったらこの本を読めばいいだけの話ですし，授業するってなったら，そこにプラス大事なところを抜いて，そこから豆知識としてプラスアルファ加えていくというのがベストやと思うんですけど，(中略)教科書に書いてあることとか，自分の書かれた本を，そのまま書かれるようでしたら，これ何の授業？って思ったりはします。

　大学では，ファカルティ・ディベロップメント（FD）の文脈で授業改革が進行してきたのは周知のとおりである。こうした学生の指摘もその範疇に属するといえる。しかし，教員養成学部の授業という点では，別の視点が加わると思われる。授業のあり方に全般的に疑問を抱いていたＧは，次のように述べている。

Ｇ：教育学部というからには教育のスペシャリストがいて，それはそれは分かりやすい教師のかがみともいえる方々が授業をしてくれるんやろうって，勝手に思ってました。

Ｉ：なるほどね，そういうイメージがあった。

Ｇ：教職科目というからには，そのスペシャリストの中でも上の方の人がするんちゃうかなって，勝手に思ってました。　　　　　　　　（2018/6/23）

　つまり，Ｇは教育学部で教える教師教育者は，当然優れた授業実践者であるといった先入観をもっていた。その背景には，おそらく学生がプロフェッショナリズムの教員養成を強くイメージしていた点にある。とすれば，実践的な指

導に対する期待の高さが，教員養成学部の授業内容・方法に対する疑義につながりやすい，といえるかもしれない。

③教師の職務・職責に対する新たな認識

　このように，授業の内容や方法に疑問を抱く学生は少なくない一方，授業により教職への考えが変わったという学生が一定程度存在する。例えば，先ほどのＧは，大学の授業を受けて教育や教職に対する自分の考え方は変わったかという質問には，「めっちゃ変わりました」と答えている。その上で，理由を以下のように説明している。

　　単に教えるだけやと思ってたんですよ。教壇に立って，授業をして，授業案をつくるって母から聞いてましたけど，こんな大変なことと思ってませんでしたし。まだ知らないですけど，やってないですけど，こんな大変そうなことと思ってなかったですし。

　　テレビとかで部活が大変とか，部活動の顧問もせなあかんし，いままで知らんかった競技であれ，せなあかん。バレーボールはしたことないし，むしろ授業では嫌いやったのに，そこの顧問をせなあかんとかってなる感じのイメージしかなかったんですけど。

　　教員，教師っていうのは，5年，10年先の社会を担う大人を育てなあかんっていうことを，何かの授業で思ったか習ったかしたので。教師って大事やなっていう。社会の中でも結構大事なところを担ってる職業やなというふうに思いました。

　教員養成での授業を受講して，多くの学生が実感するのは，なによりも教師の職務範囲の広さや職責の重さであるようだ[3]。おそらく，この点の認識を新たにすることの意味は大きい。つまり，まず養成段階の授業にて，教える立場から教師の現実を認識・理解するようになる。その見地から，「観察による徒弟制」で形成された自己の素朴な教職観を問いなおすプロセスが始まる。その過

程で，現実の教職にも耐えうる教育観・教職観へと錬磨されるのである。

　しかし，教師の現実に直面して，経験に基づいた自己の教職観が試されるとき，だれもがそれを消化できるわけではないだろう。教職という現実への接近（「教職の現実化」）は，教職からの離脱をも引き起こしかねない。例えば，A は「いまの先生はこういうことが求められているとかいう話を聞くと，自分が思っている教師と，求められている教師というのは，ちょっと違う」と感じたという。そして，教員志望を見直しはじめているとして，次のように語っている。

　　大学の授業を受けていくなかで芽生えた気持ちとしては，教師という現場にいるんじゃなくて，教育に関する仕事に目を向けてみるのもいいのではないかと思い始めて。

　　やっぱり，教師という仕事に就いてしまうと，ずれが生じている状態で挑むことになってしまうんじゃないかというのがあって。やっぱり，そこの行った学校の方針とかもあるじゃないですか。

　　そこで自分が，それは違うんじゃないという疑問を抱いたとしても，やっぱり，その方針には従わないといけないので。何かうやむやのまま，子どもに接していくのがちょっと自分でも嫌だという気持ちがどこかにあるので。

　　だったら，そういう現場に自分の身を置くんじゃなくて，教育について客観的に見る方が自分には合っているのではないかというふうな思いもちょっと出始めています。

　このような教職観の動揺が，とくに顕著であるのは，児童生徒時代の学校生活で消極的であった学生と思われる。例えば，大学 1 年間を通じて教職が「荷が重い」と感じるようになった H は，「いままでずっと目立たないような感じで生きてきた自分がいるので，それをふっとスイッチを切り替えて，（筆者注：教師として）堂々としてられるかっていうと，多分その前に何かぶっ壊れそうな気がします」（2018/6/11）と，教職に引け目を感じるようになったという。

　一般的に，養成段階での教員志望は 2 年次に減退するとされる（今津 1978）。前章でみたように，消極的な学校経験をもつ学生が，入学時点で教職への意欲が高い場合，とくにその後の志望意欲が落ち込みやすい。その理由として，改めて本章の分析をふまえると，教師の現実を参照項として，自己の学校経験や教職適性などを振り返った結果，教職に不安が生じたことがより鮮明になったためと考えられる。

2.3.　「観察による徒弟制」克服への道筋

　これまでみたように，2 年次の教員養成学部生は，養成の内容について必ずしも十分に意義を認めているわけではない。学生はとりわけ教育現場での適用可能性を学部の授業内容に強く求めている。よって，あまりに専門的・学術的な内容に対しては疑問を抱く傾向があった。こうした志向性は，数々の「観察による徒弟制」研究が指摘してきたように，「学校や教師とはこういうものである」といった自身の経験に基づく固有の学校観・教職観が強く影響していると思われる。

　しかし，なかには「観察による徒弟制」の課題に向き合い，いわゆる「かくれた危険」を乗りこえようとする学生も，数多くはないが存在している。学生 J はその 1 人といえる。入学して 1 年しか経過していない時点で，J はある程度，自己の被教育体験を相対化し，新たな教育観・授業観を模索する段階にいると思われた。ここからは J の語りに注目し，「観察による徒弟制」の克服とは具体的にどのような状況をさすのかについて考察したい。

①生徒時代の学校経験と理想とする教師像との関係

　まず，J の被教育体験を概観したい。基本，J は学級委員などのリーダー役をしばしば担い，文化祭実行委員として活躍するなど，学校文化に順応してきたタイプの学生，すなわち「Ⅱ同化型」の学生である。そして，大学入学後間もない 1 年次 6 月のインタビュー（2017/6/21）では，恩師の指導方法を，他の先生とは「レベルが違う」と称して，以下のように回想している。

　○○の先生がすごい好きで，その人は教科書を全然使わなくて。授業の最初，一番初めのガイダンスのときにも，もう私は本当に必要なことしか話さないので，もうあなたたちのレベルなら教科書読んだら分かりますよね，みたいな感じの。

　教科書に書いてあることの，なぜそうなるのかという，○○とかとくに暗記のものとか○○式を見ただけやったら，何でそれが起こるのか，どういう背景があるのかというのを，見ただけではあまり分かりづらいところを話して。

　その話も面白いし，板書しなくても，どういうふうにメモったらいいかというのも，自分でだいたい予想がつくし，こんなやりやすい先生いないなっていうのを感じて，すごいなと思って尊敬ですかね。

　したがって，Jは自らがめざす教師の姿を，その恩師のように「教科書がなくても100点が取れるような先生」，「教科書がなくても内容が理解できて，自分で説明ができて，計算ができるという，自分で考えて行動できるような生徒を養うような教師になりたい」と語っていた。

②学習者から教育者への視点の転換

　しかし，1年間の養成教育を経て，理想の教師イメージは揺らいでいく。2年次のインタビュー（2018/6/11）では，入学前までは大学での養成教育について，次のような考えをもっていたと振り返っている。

　……もともと高校生までは聞く側の生徒としての授業を受けてたので，やっぱりそういう，こちらも生徒として受けるような感じの授業なのかなって思ってたんですけど，教える側に立って見るというのが，その立場が全然，まるで正反対の立場の授業やったので，やっぱりイメージした内容とは違いました。

つまり，大学入学時点では，教える側に立って学ぶという視点が希薄であったという。そして教師の指導についても，「ただ先生が教えたい教科書の内容をしゃべって，僕らがそれを聞いてノート書くっていう時間も，先生にとっては，こういうふうに伝えたら，たぶん生徒たちはこういうふうにとらえるっていう，細かく考えてたっていうのを，教職の授業とかを大学で学ぶまでは全然気にも留めてなかった」と述べている。さらに，教職の授業を受講するなかで，もともと「僕がイメージしたのは単純で，これがよいとか，こうしたらいいっていうものとかだったんですけど，実際に受けてみると，子どもは，こういうような心情だったり，こういう問題を子どもにもってほしいから，教師としては，こういうところを見た方がいい」というように，授業の展開における意図・配慮や，生徒との関係の複雑さに気づかされたという。

③理想化されていた授業経験の相対化

すなわち，Jは元来「教えるためにいろんな幅広い知識を持ったらいいとそれだけ思ってた」だけであり，入学後にいわゆる「教授方法に関する知識」（pedagogical knowledge）の存在を知ったという。その意義を認めた上で，以下のように述べる。

> J：やっぱり大学で授業を受けて，いろんな立場からの見方を学んだことによって，受ける人だけの目線じゃない見方っていうのが，やっぱり自分にも多少は備わったから。
>
> 　よくよく，いままで自分が受けてきた授業はどうかなっていうふうな考えを，教職的な授業を受けて，じゃあ実際，自分の受けた授業はどうだったかなっていうふうな内省というか，それをするようになって。
>
> 　何か，あれ，よく考えたら，自分は分かってたけど周り分かってないのかなっていうふうに気付いたというか，そういえば周りは分からないって言ってたなっていうふうに。その当時は，あんまり気にしてなかったんですけど。

Ｉ：なるほどね。自分が面白くて，分かってたらいいんだって思ってたんだね。

Ｊ：いい授業，悪い授業は何かっていうふうなものを，ちょっとかじりだすと，実はそうでもないのかなっていうふうに。

Ｉ：なるほどね。

Ｊ：最初は，その授業がしたいと思って揺るぎなかったんですけど，あんまり。

Ｉ：そうだね，たしか，そういう話だったよね。うん。

Ｊ：何か，あんまり，よく分からなくなってきて。何が正解なのかなみたいな，最近は，よく考えてるんですけど。

この語りで重要なのは，生徒時代に理想としていたはずの恩師の授業を，「周りは分からないって言ってた」として，反省的に振り返っている点である。そして，「最初は，その授業がしたいと思って揺るぎなかった」はずが，この時点では必ずしもよい授業とは考えなくなり，「何が正解なのか」を模索しているというのである。

ここには「観察による徒弟制」の過程で形成された理想の授業観が，変容・修正される過渡的状況がうかがえる。つまり，理想としていた授業について，当時の他生徒の反応を想起しながら振り返ることで，その授業を相対化している。この点について，「観察による徒弟制」研究では，教員志望者の課題として次のことを挙げている。つまり，自分が教職に就いたと仮定して，将来の生徒をイメージする際，そのモデルに生徒時代の自分自身を想定して一般化する傾向があるため，多様な背景をもつ生徒の存在が無視されてしまう（Grossman 1990, Knowles and Holt-Reynolds 1991）。確かに，生徒としての自分にとっては，それは理想の授業のように思えた。しかし，他の生徒の存在を媒介させることで，必ずしもそうではないという気づきが生じ，授業観の見直しが促されたのである。ブログを用いて学校経験を共有するという海外の「観察による徒弟制」の実践研究でも，一部の学生が自らの学校での経験に疑念を抱いたことにより，新たな実践のパースペクティブの理解につながったと示唆しており（Boyd et al. 2013），本章との共通項が見いだせる。

「観察による徒弟制」研究の多くは，自身の教育経験とそれに紐づいた教育観の問いなおしや相対化が，その克服に有効と論じてきた（第6章）。Jの語りにはそうした克服への道筋を読みとることができる。もちろん，すでにJが「観察による徒弟制」を克服したと位置づけるのは早計である。また，具体的にどのような働きかけがあって，Jの意識変容が促されたかについても，本人があまり自覚的でなく，明らかにすることは難しかった。ただし，絶対視してきた経験に基づく教育観・授業観を問いなおし，新たな授業モデルを模索している点で，克服に向けた途中の道程にあるといえるだろう。

3.　ま と め

　本章は「観察による徒弟制」の観点から，教員養成学部生の養成教育に対する意識を検証した。その上で，「観察による徒弟制」を克服するとは具体的にどのようなことかについて考察してきた。知見を安易に一般化するのは避けるべきであるが，結果をふまえ，養成教育の今後のあり方について，付言しておきたい。

　本章の結果から，教員養成学部生の多くが，教師に必要な知識とは何か，どのような知識が必要でないかを独自に判断していると推測された。この判断に際して参照するのが，やはり自身の学校経験であり，とくに教師と接した経験であったと考えられる。ただそれは，安易で些末な教育の技術中心主義を，学生が養成教育に期待することへとつながりやすい。よって，養成以前の学校経験と教員養成をいかに接続させるかについて，教師教育にてその具体的な方途を検討していく必要があると考える。

　一方，この点に関して少なくとも現段階でいえるのは，大学段階で教員養成を行う意義や理念（例えばアカデミズムなど）を，入学後の早い時期に学生に十分理解・認識させることの重要性である。この理解がないと，「観察による徒弟制」の「かくれた危険」に容易に陥りやすいと思われる。つまり，経験由来の単純な教育観・教職観によって，学生は養成段階で学ぶべき内容を自らが選

別し（例えば学術的・専門的過ぎて学ぶ必要がないという思考），学修すべき内容を実質的に無効化してしまう恐れがある。養成以前の学校経験と養成教育を円滑に接続する一つの手がかりとして，提起しておきたい。

〈注〉
1)　また，全般的に授業が高度であることについて，異議をとなえる学生もいる。例えばＧは「先生が高度なことを言い過ぎてて。最初 15 分ぐらいまでは理解できるんですけど，もうそのあとの時間は全部何を言ってるか分からん，寝る，スマホ触るみたいな」形で，結局授業を欠席しがちになったという。
2)　実際，教育学部の入学動機として，「そもそもまず，教育の方法とかを学びたいと思って入ってきたから，それがなんか，あんまりないし」（K：2018/7/9）というように，教授法の学修を第一に視野に入れていた学生は少なくない。この部分も，学術的で専門性が高い授業内容に対して不満を抱く背景と考えられる。
3)　他にも，例えばＢは，「実際そういうこと思ってたけど，その授業受けて改めて，あっ先生ってこんな責任がかかっているんやなというのを改めて思いました」（2018/6/20）と述べている。

〈引用・参考文献〉
Boyd, Ashley, Jennifer Jones Gorham, Julie Ellison Justice and Janice L. Anderson, 2013, "Examining the Apprenticeship of Observation with Preservice Teachers: The Practice of Blogging to Facilitate Autobiographical Reflection and Critique", *Teacher Education Quarterly*, vol.40, no.3, pp.27-49.
Feiman-Nemser, Sharon, 2001, "From Preparation to Practice: Designing a Continuum to Strengthen and Sustain Teaching", *Teachers College Record*, vol.103, no.6, pp.1013-1055.
Feiman-Nemser, Sharon and Margret Buchman, 1985, "Pitfalls of Experience in Teacher Education", *Teachers College Record*, vol.87, no.1, pp.53-65.
Grossman, Pamela L., 1990, *The Making of a Teacher*, Teachers College Press.
広田照幸，2019，『教育改革のやめ方』岩波書店。
今津孝次郎，1978，「学生の内的側面からみた教師養成過程」『三重大学教育学部研究紀要　教育科学』第 29 巻第 4 号，pp.17-33.
陣内靖彦，1987，「教員キャリアの形成における教員養成と教員研修」『教育学研究』第 54 巻第 3 号，pp.300-309.
Johnson, Karen E., 1994, "The Emerging Beliefs and Instructional Practices of Preservice English as a Second Language Teachers", *Teaching and Teacher Education*, vol.10, no.4, pp.439-452.

Kagan, Dona M., 1992, "Professional Growth among Preservice and Beginning Teachers", *Review of Educational Research*, vol.62, no.2, pp.129-169.

Knowles, Gary J. and Diane Holt-Reynolds, 1991,"Shaping Pedagogies through Personal Histories in Preservice Teacher Education", *Teachers College Record*, vol.93, no.1, pp.87-113.

Labaree, David F., 2000, "On the Nature of Teaching and Teacher Education", *Journal of Teacher Education*, vol.51, no.3, pp.228-233.

Lortie, Dan C., 1975, *Schoolteacher: A Sociological Study*, The University of Chicago Press.

Slekar, Timothy D., 1998, "Epistemological Entanglements: Preservice Elementary School Teachers' 'Apprenticeship of Observation' and the Teaching of History", *Theory & Research in Social Education*, vol.26, no.4, pp.485-507.

Tabachnick, Robert B. and Kenneth M. Zeichner, 1984, "The Impact of the Student Teaching Experience on the Development of Teacher Perspectives", *Journal of Teacher Education*, vol.35, no.6, pp.28-36.

山﨑準二, 2012, 『教師の発達と力量形成』創風社。

終 章

結語：教師教育の新たな視角

1. はじめに

　本書では「だれが教師をめざすのか」をテーマに，教員志望者の社会的背景を探ってきた。そのなかで，現代では教職への契機がとりわけ学校経験に埋め込まれている点を明らかにした。さらに，学校経験を教職の社会化過程ととらえる「観察による徒弟制」の理論的枠組に依拠しつつ，養成段階以前と教員養成との接続関係について検討した。得られた知見は多岐にわたるが，終章ではそれらの要約を交えながら，そこから導かれる考察や教員養成・教育政策に対する示唆を論じたい。

2. 「観察による徒弟制」の社会化作用

　これまで実施した数多くのインタビューのうち，とりわけ教職志向の強い「同化型」の学生は，自らの学校経験を次のように振り返っている。

> 　小学校は，記憶としては，人前で何かを仕切るっていうのが結構イメージは残ってますね。例えば，これは，小，中，高，全部言えることなんですけれど，学級委員を常にやってる。
> 　小学校のときやったら，運動会でブロック長やったりとか。常に人前で何かをまとめたり，仕切ったり，しゃべったり，とかっていうのは何か好きでやってたっていうのはありますね。　　　　　　（調査日：2017/6/9）

　学級委員のみならず，この学生は小学校で児童会の役員を経験し，中学，高校の部活動では部長を務めた。そのため，教師との接点も多かったが，「自分がそういう先生と関わりたいっていう気持ちもあった」という。また，先生から任される仕事に対しても「喜んで引き受けるという感じ」であった。規則違反や生活指導を受けることは「考えられないですね」。学校生活全般については「行事とかは，もう積極的に参加するし，しんどいけど，楽しいのは目に見えて分かってるから，やる。(中略) 学校生活は，もう，常に楽しかったですね」。

　おそらくこの学生の語りは，「学校文化への同化」(第3・7章) という，現代の教員志望者の特性を理念的にあらわしている。ウィリス著『ハマータウンの野郎ども』(原著1977年) が描いた，反学校文化の生徒とは対照的な「耳穴っ子」に通じる性向といえるかもしれない。実際，この学生は学校の自治活動・課外活動・各種行事に，児童生徒集団のリーダーとして主体的に参加してきた。そうした役割ゆえに教師との関わりも緊密になる。そして，その一連の過程では教師の役割が部分的に委譲され，他の児童生徒の学習面・生活面を支援したり，児童生徒集団のまとめ役として指導的にふるまうことになる。そのなかで，自らの教職適性を自覚・認識し，教職へと導かれていく (太田 2018, pp.52-53)。以上が現代における教職へのルートの典型と思われる。

　もちろん，教員志望学生のすべてがこうした「同化型」ばかりではない。やんちゃな側面がありつつも，親密な教師との関わりで行動が変容し，教職に向かうことになった類型 (「逸脱型」) も存在している。また，全般的にネガティブな学校経験を有するタイプ (「回避型」)，リーダー役割を回避しようとするなど消極的な学校経験をもつタイプ (「消極型」) なども確認された (第7章)。

　一方，歴史を紐解くと，近代の日本では，農業という特定の社会階層を中心に教師が供給されており，教職と社会階層は明確な対応関係があった。その関係から「教職者に，保守的な土着的，農民的雰囲気をただよわせることになった」(陣内 1988, p.172) というように，教員文化の特性も説明された。また，経済的に恵まれない境遇から，教師の多くは複線型の学校体系にて正系 (中学校－高等学校) を外れ，傍系 (師範学校) を辿らざるを得なかった。そこから，「挫

折した青年の収容所であり，フラストレーション地帯」(石戸谷 1967，p.331) というような鬱屈した心性を教師にもたらしたとされる。しかし，親が教職 (第2章) の場合は例外としても，現代では教師集団における社会階層の特徴は失われていた (第1章)。ならびに，その社会階層に由来するような教員文化の説明も説得力を失っている。

　代わりに，来歴でいえば，現代の教師は児童生徒としての学校生活に教職への契機を見いだす傾向が強まっている。山﨑 (2012) のライフコース研究でも，世代間を比較した教職選択のきっかけとして，若い教師ほど自らの被教育体験期に出会った教師の影響を挙げる比率が高い。そして，出会った教師の強い影響によって教職をめざす場合 (モデリング効果) は，教職への動機づけが明らかに強くなる (第4章)。また，他の職業希望との違いが明確なのは，学校でのリーダー経験であった (第3章)。こうした児童生徒時代の学校経験，すなわち「観察による徒弟制」の作用が，教職の予期的社会化過程において強まっていると考えられる。

3.　教員文化への示唆

　この点は，教員文化のあり方にどのような影響を及ぼすだろうか。山崎 (1996) は教員文化を「『まじめさ』と『公正さ』のハビトゥス」と論じている。おそらくこの特性は，「学校文化の同化」という教員志望者の学校経験から相当程度説明できると考えられる。児童生徒時代に学校文化の中心に位置したかれらは，学校の秩序や教師の評価構造を全面的に受け入れ，その枠組内で一定の成功を修め，教師や周りの児童生徒から信頼を得てきたといえる。「『まじめさ』と『公正さ』のハビトゥス」とは，児童生徒時代の学校生活のなかで形成された，かれらの「学校化された身体」そのものではなかろうか。

　また，ブルデュー (1997 訳書，p.26) は，「幼少の頃より学校制度の加護の下に委ねられたため全面的に学校制度に身を捧げた者」を「託身者」とよび，かれらこそが学校制度を強く信頼し，忠誠を誓うと指摘する。教員志望者はまさ

にそうした性向を有している。そして，かれらが教職に就くことで，そのハビトゥスを介して，学校文化・教員文化が再生産されていく。実際，生徒時代に学校文化により適応していた者が，教員文化の中核的な担い手になるという（川村 2003）。ここからは，旧来の慣例や文化がそのまま継承される，学校・教員の保守的・守旧的な側面が浮かびあがってくる（太田 2018, p.55）。

この点は「観察による徒弟制」の理論からも説明される。つまり，「観察による徒弟制」がもたらす学校観，教職観は，往々にして権威主義的，保守的な性格をもつとされる（Lortie 1975, Johnson 1994 など）。そして，「観察による徒弟制」の過程で形づくられた学校観，教職観や教育実践のパースペクティブは非常に強固で，教員養成の段階では容易に変化せず，教師になってもその影響は続くという（Tabachnick and Zeichner 1984, Nias 1989 など）。具体的には，教師の実践のあり方や，キャリア発達の方向にまで作用すると指摘される（Knowles and Holt-Reynolds 1991, Rinke et al. 2014）。こうして「観察による徒弟制」を介して，学校では保守的な教育実践の伝統が受け継がれる（Lortie 1975）。

一方，社会変動が著しい現代では，学校教育も絶えず変化の波にさらされ続けている。例えば，子どもの生活環境の変化（貧困家庭・児童虐待の増加），グローバル化の進展（外国ルーツの子どもの増加），情報技術の革新（AI 活用・DX），労働意識の変容（働き方改革）といった現代社会の潮流は，学校の役割や教師の職務について再考や修正を促すものとなっている。

「観察による徒弟制」を介して，学校・教師の保守的な慣習や文化がそのまま再生産されるとすれば，教師らは社会が要請する変革の必要性を認めにくいかもしれない。しかし，刻々と変化する社会情勢と次々に生起する教育課題に対して，教師は常に新しい知識や技術を柔軟に取り入れ，それをもとに自らの教育観を反省的にふり返りつつ，実践を更新・刷新して教育の質を高めていく姿勢が求められる（太田 2018, p.56）。その点で，教師教育，とりわけ教員養成において「観察による徒弟制」にどう向き合うかが，今後一層問われるようになると思われる。

4. 教員養成の導入教育への示唆

　さて，ダーリング＝ハモンドらは「観察による徒弟制」がもたらす弊害を，次のように指摘する。

　　教えることを学ぶには，教えることと生徒としての経験から学んだこととはまったく異なる，ということの理解が求められる。子ども時代の生徒としての経験が，新任教師が教育という専門職に持ち込む，教えることと学ぶことについての強固な前概念を作り上げている。

　　これから教師になろうという人が持っている教えることについての見方は，教科の役割や教授学的な知識に目を向けるよりも，教師の人格により目を向けるものであることが多い。彼らは教えることを，単に情報を伝達し生徒を熱心に励ますことだと信じていることが多く，注意深く段階を追った支援によって学習経験を目的的に組織して導くために，生徒の学習を評価することであるとはとらえていない。

　　　　　　　（Darling-Hammond and Baratz-Snowden eds. 訳書 2009, p.49）

　確かに，このような教師教育における「観察による徒弟制」の問題に対して，わが国では十分に着目してこなかった。実際，これまでは他の専門職養成に比べての教員養成の不備が，とりわけ実践との関係を中心に課題視され続けてきた一方（今津 1985, 1996, 陣内 1987 など），「観察による徒弟制」という教員志望者の内在的な側面が議論になることはほぼなかった。とくに「観察による徒弟制」の過程で生成される「強固な前概念」は，養成段階での学びを阻害する要因となりうるのであり（第6章），それへの対処なしに養成教育が十分な効果を挙げることは難しい。この点に配慮した養成のあり方を，これまで模索してきたといえるだろうか。

　確かに，教職課程の初期段階で「被教育体験のふりかえり」といった演習を行う機会はあるかもしれない。しかし，意識的に「観察による徒弟制」の問題

と結びつけて，その演習が実施されてきたかは心もとない。「観察による徒弟制」を克服するには，自らの学校経験を相対化し，批判的に考察することが求められる（Feiman-Nemser 2001）。なぜなら，固定化した教育経験に執着すると，新しい有効な教育実践や教授方法を受け付けないためである（第6章）。そうした学校経験の相対化に向けた一つの方法として，他者の経験を参照・比較しながら，自身の経験を振り返る作業が有効となるだろう。その際，なるべく異なった経験をもつ学生間で活動を行うのが望ましい（第7章）。なぜなら，異なる学校経験や学校観・教師観に触れることで，自らの経験と教育観にゆさぶりが生まれやすくなり，経験の相対化に結びつきやすいからである。

　また，自分の学校経験からかけ離れた実際の事例に直接触れることも，経験の相対化に有効とされる（第6章）。具体的には，児童養護施設やフリースクール，子ども食堂など，複雑な教育的・家庭的背景をもつ子どもの居場所や支援の場に直接参加するなどが意義のある活動になろう。そこでの気づきを自身の経験と教育観・子ども観に照らしあわせつつ省察することで，「学校文化への同化」という経験の相対化が可能になるのではないか。

　加えて，一点付言しておきたい。第9章で取りあげたが，ある学生は養成教育の内容が「専門的すぎる」と苦言を呈した上で，次のように指摘している。「教育学部というからには教育のスペシャリストがいて，それはそれは分かりやすい教師のかがみともいえる方々が授業をしてくれるんやろうって，勝手に思ってました」（2018/6/23）。つまり，学生の認識において，高校までの教師の実践イメージと，アカデミズムの理念に基づく大学の教員養成との間に，大きな乖離が生じているのを読みとれる。これまで大学の養成課程にて，教員養成の理念と教育現場での実践の差異について，養成の初期に十分な説明がなされてきただろうか。学生の素朴な違和感・ギャップを解消しない限り，養成教育は十分に機能しないだろう。大学教育の説明責任がより一層増すなかで，今後検討すべき課題である。

5. 教員志望者のハビトゥスと教員確保の教育施策

　最後に，本書で得られた知見と昨今の教育施策との関係に触れておきたい。

　教員志望者の特性に，「高い地位を得ること」「高い収入を得ること」といった地位達成志向の低さがある。これは他の職業志望と明確に袂を分かつ，主要な判別要因であった（第1・2章）。このことは，教員志望者，そしておそらく現職の教師にとって，経済的なインセンティブは必ずしも重要な関心事ではないことを示唆する。現在，教員の長時間労働が課題視され，過剰の労働時間に対する金銭的補償が議論になっている。また，教員確保の意味合いから，給与水準を見直した自治体もある。これらの施策は，労働条件・勤務環境の向上という意味で，意義がないわけではない。しかし，教員確保の点で有効かといえば疑問である。

　教師をめざす若者は，地位の達成や高い収入にはそれほど執着しない。かれらを含めて教師の大半は，経済的合理性とは別の次元を行動原理とするハビトゥスをもっている。教員就職の誘因として自治体が給与水準を多少上げたところで，かれらが縁のない自治体での教職をめざすことは考えにくい。基本的に，かれらは第一に，自らが育った地域や学校での教員就職を考える。とりわけ，すぐれた教師との出会いを経て，教職をめざす者はその傾向が強い（第5章）。そもそも教職は歴史的にも文化的にも十分な収入が見込める職業ではなかった（唐澤 1955，Waller 訳書 1957，Lortie 1975）。事実，1960 年代まで，日本では教員の月給は一般事務職に比して明らかに低かったが（門脇 2004），それ以降は改善がなされ，現在では教員の給与待遇は比較的恵まれている部類に入る（例えば，山下・谷田部 2023）。おそらく必要以上の経済的なインセンティブは，教職へのリクルートには十分な効果を見込めないのではないか。おそらく，仕事内容を削減し，時間的なゆとりを確保するほうが有効であろう。

　一方，次のこともいえるのではないか。経済的合理性からは距離をおくような教師のハビトゥスは，仕事を遂行する上で，さまざまなコストを十分に考慮せず，「子どものため」という論理や子どもと接する仕事の「やりがい」に流

れやすい。それが，「献身的教師像」といった自己犠牲や長時間労働を美徳とする教員文化を自らすすんで醸成してきた側面もあるのではなかろうか。この点は，本書では十分に論証できておらず，一つの仮説として留めておきたい。

　いずれにせよ，教師のもつ文化的側面があまり顧みられずに，学校や教師の外部で教育改革の論議が進み，それが教員政策・施策として具体化されてきた歴史がある（太田 2018, p.56）。今後は，本書でみたような教員志望者の文化的特質を十分に考慮した上で，教員確保の施策が立案されるべきと考える。

〈引用・参考文献〉

Bourdieu, Pierre, 1984, *Homo Academicus*, Éditions de Minuit.（＝ 1997, 石崎晴己・東松秀雄訳『ホモ・アカデミクス』藤原書店）.

Darling-Hammond, Linda and Joan Baratz-Snowden eds., 2005, *A Good Teacher in Every Classroom: Preparing the Highly Qualified Teachers Our Children Deserve*, Jossey-Bass.（＝ 2009, 秋田喜代美・藤田慶子訳『よい教師をすべての教室へ』新曜社）.

Feiman-Nemser, Sharon, 2001, "From Preparation to Practice: Designing a Continuum to Strengthen and Sustain Teaching", *Teachers College Record*, vol.103, no.6, pp.1013-1055.

今津孝次郎, 1985, 「教師の職業的社会化」柴野昌山編『教育社会学を学ぶ人のために』世界思想社, pp.166-182.

今津孝次郎, 1996, 「岐路に立つ教師教育」『教育学研究』第 63 集第 3 号, pp.294-302.

石戸谷哲夫, 1967, 『日本教員史研究』講談社。

陣内靖彦, 1987, 「教員キャリアの形成における教員養成と教員研修」『教育学研究』第 54 巻第 3 号, pp.300-309.

陣内靖彦, 1988, 『日本の教員社会』東洋館出版社。

Johnson, Karen E., 1994, "The Emerging Beliefs and Instructional Practices of Preservice English as a Second Language Teachers", *Teaching and Teacher Education*, vol.10, no.4, pp.439-452.

門脇厚司, 2004, 『東京教員生活史研究』学文社。

唐澤富太郎, 1955, 『教師の歴史』創文社。

川村光, 2003, 「教師における予期的社会化の役割」『日本教師教育学会年報』第 12 号, pp.80-90.

Knowles, Gary J. and Diane Holt-Reynolds, 1991, "Shaping Pedagogies through Personal Histories in Preservice Teacher Education", *Teachers College*

Record, vol.93, no.1, pp.87-113.

Lortie, Dan C., 1975, *Schoolteacher: A Sociological Study*, The University of Chicago Press.

Nias, Jennifer, 1989, *Primary Teachers Talking: A Study of Teaching as Work*, Routledge.

太田拓紀, 2018, 「教師文化と学校」稲垣恭子・岩井八郎・佐藤卓己編『教師教養講座第 12 巻　社会と教育』協同出版, pp. 43-60.

Rinke, Carol R., Lynnette Mawhinney and Gloria Park, 2014, "The Apprenticeship of Observation in Career Contexts", *Teachers and Teaching*, vol.20, no.1, pp.92-107.

Smagorinsky, Peter and Meghan E. Barnes, 2014, "Revisiting and Revising the Apprenticeship of Observation", *Teacher Education Quarterly*, vol.41, no.4, pp.29-52.

Tabachnick, Robert B. and Kenneth M. Zeichner, 1984, "The Impact of the Student Teaching Experience on the Development of Teacher Perspectives", *Journal of Teacher Education*, vol.35, no.6, pp.28-36.

Waller, Willard, 1932, *The Sociology of Teaching*, John Wiley and Sons.（＝1957, 石山脩平・橋爪貞雄訳『学校集団：その構造と指導の生態』明治図書出版).

Willis, Paul E., 1977, *Learning to labour*, Saxon House.（＝1996, 熊沢誠・山田潤訳『ハマータウンの野郎ども』筑摩書房).

山下雅代・谷田部博貴, 2023, 「『教師の労働条件』をデータで考える」東京学芸大学先端教育人材育成推進機構教員需給モデルプロジェクト編『教員需給を考える』学文社, pp.61-76.

山﨑準二, 2012, 『教師の発達と力量形成』創風社。

山崎鎮親, 1996, 「学校制度の中の教員文化」久冨善之編著『学校文化という磁場』柏書房, pp.117-150.

あとがき

　教育学部に専任教員として籍をおき，教員養成を担当するようになってから約15年になる。教員をめざす大学生は，基本的にまじめで礼儀正しい。授業はしっかりと聞くし，課題も前向きに取り組む。教える学生の質という点で，大学教員としては恵まれた環境にあると常々感じてきた。おそらく本書で論じた「学校文化への同化」という性向が，教員志望学生の背景にあるからだろう。その一方で，私が専門とする教育社会学のような批判的教育学は，素直でまじめなかれらとは，必ずしも相性がよくない。実際のところ，教育社会学は主に社会と教育の相互作用などを対象として扱い，しばしば教育の問題を浮き彫りにすること自体を目的とする学問領域（教育科学）であるため，教師としての教育実践や方法論には必ずしも直結しない。また，教育社会学はときに現行の教育施策を批判的にとらえることがあり，教育施策を所与のものとし，その枠組のなかでの職務遂行が求められる教員（＝公務員）との間で齟齬が生じやすい。よって，「教師になるために，教育社会学を学ぶ意義はどこにあるのか」といった思考に陥りやすい。ただ，現実の教育や学校を広い視野に立って相対化し，より望ましい教育の形を模索・創造していくには，どうしても批判的思考が必要になる。授業技術がすぐれているのみならず，教育に関する理論や知見の深い理解に基づき，新たな学校教育を切り拓くことができる教員をいかに育てたらよいか。教師教育の担当者として日々模索し続けてきた。

　さて，「だれが教師になるのか」という本書のテーマは，もともとは私自身の問題に由来している。大学卒業後3年ほど企業に勤めたものの，結局，利潤追求という企業活動に自分の一生を捧げたいとまでは思えなかった。次の仕事を考えたとき，真っ先に浮かびあがってきたのが教職（高校教員）であった。なぜ企業が向いていないと感じたのか。そして，なぜ教職を選んだのか。この点

をブルデューのハビトゥス論をモチーフにこれまで考えてきた。本書の結論からすると，親が教師であり，児童生徒時代に学級委員などをよく任された私は，もっとも教職に近い存在であったことになる。

しかし，テーマに取り組みはじめた当初（2000年代後半），正直にいって教師の職業的社会化研究はブームが去っていたと思う。日本教育社会学会で最初に発表した際，「以前はこうした研究がよくあったけれど……」という，年配の先生からのコメントを今でも記憶している。確かに1970・80年代，多くの教育社会学者が教員志望学生に対して調査を行い，その社会階層や養成段階での学修過程と教職に関わる意識の特徴を実証的に明らかにしようとしていた。しかし，その後の教師の社会学は，参与観察やエスノグラフィーなどによる「現場の教授学」の解明に関心が移行していく。その背景には「新しい教育社会学」という新たなパラダイムの導入があったはずである。自分自身，流行を追うことに関心がなく，むしろ人がやりたがることを忌避するきらいがあった。流行遅れのテーマを，自身の関心に従って思うままに取り組んでいたというのが実情である。

ところが，近年の教員不足や教師離れなどで，にわかに教職のリクルートに関するこの領域に関心が集まりだしたと感じる。ある教育学者の予測では，そもそも2020年代は教員の大量退職の時期が終わりを迎え，教員採用が難化するはずであった。しかし，採用試験の受験者が減少するという供給側の問題が浮上することを，必ずしも予見できていなかったように思う。また，教師離れの背景にあるとされる長時間労働・過重労働は，1990年代くらいから問題視されてはいたものの，現在のように社会問題化するまでには至らなかった。おそらく，働き方に対する社会全般のまなざしの変化が教職にも波及したものと推測されるが，いずれにせよ，時代の変化を見通す難しさを改めて感じさせる。

さて本書は，筆者が大学院時代から構想し取り組んできたテーマであるため，だいぶ時間が経過した調査や分析結果も掲載している。アンケートやインタビュー調査は多くの場合，いわゆる鮮度が問われる。比較的過去の論文を含んだ書籍の出版には多少のためらいもあった。ただ，ハビトゥス論に基づく教職選

択，「観察による徒弟制」と教員養成との接続，といった視点での研究は必ずしも蓄積がなく，現在でも十分にオリジナリティがあるのではと考えた。とくに，本書第3章にも収録した論文「教職の予期的社会化過程における学校経験」（『教育社会学研究』第90集）は，何名かの教育社会学の大学教員から，ゼミで講読しているといったお声がけをいただいた。自分でいうのもどうかと思うが，確かに教師をめざす大学生に自覚をうながす内容であるし，教育社会学の方法論を理解する一助にもなるはずである。その意味では，本書は教師をめざす大学生にも，自分自身と照らし合わせながら，読んでもらいたいという思いがある。

また，本テーマに取り組んできた過程で意外だったのは，大学の同僚教員，とくに専門外である教科教育の先生方から，学内紀要に発表した論文に反響があったことである。教科教育のある先生は，学校での被教育体験，とくに授業を受けた経験が，学生の模擬授業に臨む姿勢やその授業自体に関係していると感じていた様子で，「観察による徒弟制」の議論を新鮮に思われたようである。本書ではほとんど取りあげられなかったが，教科教育に関する海外の研究では，過去の学校経験に基づく授業観をどう組み替えるかといった内容は多い。今後，わが国でも発展が期待される領域である。

こうしたこともあり，今後への橋渡しという意味で書籍として後世に残す価値があると考えた。心残りなのは，感染症の拡大により，大学1年生から積み上げてきたパネル調査が途絶えたことである。とりわけ，教育実習（主に3年生で実施）を経た後の4年生4月時点（2020年）の集合調査は重要であると事前に想定していた。というのも，養成段階の学修過程に関わるいずれの研究も，教育実習の社会化効果が大きいことを強調している。過去の学校経験に基づく教育観が，実際の教員の仕事を体験してどの程度組み替えられていくのか，あるいは，やはりそのまま固持されるのか。たいへん興味深い論点であった。しかし，ちょうど感染症拡大の時期にぶつかってしまい，学生は自宅からリモートでの授業を余儀なくされ，私自身もさまざまな対応に負われ，調査どころではなくなってしまった。チャンスがあれば今後に期したい。

本書は，数多くの大学生に回答してもらったアンケート調査に基づいている。

また，インタビュー調査に応じてもらった学生は延べ30名を超える。とくに，インタビューの時間は発見の連続であり，教職に向き合おうとする学生のみなさんを理解する貴重な機会であった。なにより，私自身が楽しみにしていた時間でもあった。アンケート・インタビューとも，真摯にご対応いただいたみなさんに，改めてお礼を申し上げたい。また，調査の実施にあたっては，各大学に所属する教員の方々に多大なご配慮とご支援をえた。教員の過重労働が問題視されるが，それは大学教員も同様である。教員数が減る一方で校務は多様化し，外部資金や寄付金の獲得に多大な時間を割かざるを得なくなっている。そうしたなかで，私個人の研究にご協力をいただいた。人数も多くお名前を挙げることは割愛させていただくが，先生方のご厚意があっての本書であり，感謝に堪えない。

　思い返せば，生まれて以降の生活圏だった埼玉・東京を離れ，京都にて研究生活をスタートさせたのは，私にとって幸運であった。自由で超然的（？）な大学院の研究文化は，独りで勝手きままにやりたがる私の性格に合っていたと感じる。なかでも，博士後期課程，ならびに学位論文をご指導いただいた稲垣恭子先生には，そうしたふるまいを温かく見守っていただいたと同時に，研究に際しての思考方法や分析の視点など，研究の土台となる重要な部分を学んだ。研究者としての自己形成に大いに影響を受けたことを今も強く自覚している。また，修士論文をご指導いただいた竹内洋先生には，その後も適宜，研究会等でご助言を頂戴し，本書執筆に際しても参考にさせていただいた。この場を借りて，改めて感謝申し上げたい。そして，歴史研究からスタートした私にとって，岩井八郎先生から量的調査とその分析手法をご教授いただいたことが，本研究の起点になっている。最近，突然の訃報を受け，大きな喪失感をいだいている。生前の学恩をしのびつつ，ご冥福をお祈りしたい。

　なお，日本学術振興会からは，本テーマに直接関わったものとして，2回ほど科学研究費を得ている（「教師志望者における来歴の特性に関する実証的研究」，「教職の社会化過程としての『観察による徒弟制』に関する研究」）。また，本書の出版に際しては，滋賀大学出版助成事業（令和6年度）による援助を受けた。ご

支援に深く感謝申し上げる。

　学文社の落合絵理さんには，これからの教師教育にとって重要なテーマだからと，快く出版を引きうけていただいた。気持ちよくやりとりをさせていただき，とても仕事がスムーズでありがたかった。また，本書の校正には水谷千景さん（京都大学大学院博士後期課程）にご協力いただいた。謝意を表したい。

　最後になるが，研究生活を支援し，ときに研究内容についても重要な示唆をもらった妻・華奈と，人間が成長していくことの奥深さと喜びを日々感じさせてくれる息子・慈に本書を捧げたい。

　2025 年 1 月

太田　拓紀

初出一覧

本書の各章と初出論文は以下の対応関係にある。ただし，一冊の書籍にまとめる上で，大幅に論文を改稿している章もある。また，全体の統一感をもたせるため，一部の論文は章をまたいで掲載している。

序章　問題の所在：「だれが教師をめざすのか」
書き下ろし

第1章　教員志望者の家庭的背景
太田拓紀, 2008,「教師志望の規定要因に関する研究―大学生の家庭的背景に着目して―」『京都大学大学院教育学研究科紀要』第54号，pp.318-330.

第2章　教職の予期的社会化要因としての親＝教師
太田拓紀, 2010,「教職における予期的社会化要因としての『親＝教師』の分析―親が教師であることの教職選択に及ぼす影響とその家族関係の特質―」日本教師教育学会編『日本教師教育学会年報』第19号，pp.68-78.

第3章　教職の予期的社会化過程としての学校経験
太田拓紀, 2012,「教職における予期的社会化過程としての学校経験」日本教育社会学会編『教育社会学研究』第90集，pp.169-190.

第4章　教職選択における重要な他者としての教師
太田拓紀, 2011,「教職選択における重要な他者としての教師―教職の予期的社会化要因としての教師の影響―」玉川大学教育学部『論叢』2010，pp.67-81.

第5章　教員志望者における地域移動の志向性
太田拓紀, 2011,「現代の教師志望者における地域移動の志向性―地元志向の規定要因と将来意識との関連性―」『玉川大学教職センター年報』創刊号，pp.6-14.

第6章　「観察による徒弟制」の理論と教師教育の諸問題
太田拓紀, 2017,「『観察による徒弟制』と教員養成における実践の問題」滋賀大学教育学部附属教育実践総合センター『パイデイア』第25巻，pp.93-99.

第7章　「観察による徒弟制」による教員養成学部生の類型分析
太田拓紀，2018，「『観察による徒弟制』に基づく教員養成学部生の類型分析—教職の社会化過程としての学校経験と教職観—」滋賀大学教育学部附属教育実践総合センター『パイデイア』第26巻，pp.69-76.

第8章　「観察による徒弟制」と教員養成との接続関係
太田拓紀，2019，「『観察による徒弟制』と教員養成との接続関係—教員養成学部生の学校経験と養成教育1年間の社会化過程—」『滋賀大学教育実践研究論集』第1号，pp.45-53.

第9章　「観察による徒弟制」の克服に向けて
太田拓紀，2022，「教員養成を阻害する要因としての学校経験」『滋賀大学教育実践研究論集』第4号，pp.167-173.

終章　結語：教師教育の新たな視角
書き下ろし

索　引

【著者紹介】

太田　拓紀（おおた　ひろき）

1974 年埼玉県生まれ。早稲田大学教育学部卒業。京都大学大学院教育学研究科博士後期課程学修認定退学。教育学博士（京都大学）。玉川大学教育学部助教，准教授，滋賀大学教育学部准教授をへて，現在，滋賀大学教育学部教授。著書に『近代日本の私学と教員養成』（学事出版，2015 年，単著），『教職教養講座第 12 巻　社会と教育』（協同出版，2018 年，共著）。

「だれが教師をめざすのか」の教育社会学
―「観察による従弟制」と教員養成―

2025年3月27日　第一版第一刷発行

著　者　太田　拓紀

発行者　田中　千津子

発行所　株式会社 学文社

〒153-0064　東京都目黒区下目黒3-6-1
電話　03（3715）1501（代）
FAX　03（3715）2012
https://www.gakubunsha.com

印刷　新灯印刷㈱

ISBN 978-4-7620-3422-0